「敵」と「自分」を正しく知れば、1勝1敗でも儲かる株式投資

木を見て、森を見て、鏡を見る

個別銘柄
相場全体
自分自身

JN256596

著 角山 智
SATORU KADOYAMA

Pan Rolling

まえがき

筆者は、投資歴20年の個人投資家です。勤めていた会社を10年前に退職して、今では投資セミナー講師などで生計を立てています。

こう書けば、皆さんはどう思われるでしょうか？　なにせ誤解も多い仕事だけに、長年の経験から、だいたい見当がつきます。

●株の先生をしているぐらいだから、ずいぶんと勝っているのだろうな
●この手の輩は怪しんだ。実績を見せろよ
●自分の投資が儲からなくなったから、セミナーで小遣い稼ぎをしているのではないか

疑い（？）を晴らすため、通算成績を公開しましょう。

263勝245敗（ほぼ1勝1敗）

「なんだ。セミナー講師をしているくせに、それだけしか勝っていないのか」という声が聞こえてきそうです。

1勝1敗ペースといえば、簡単そうに思われがちですが、実はそうでもありません。東証では、今やプロ中のプロである外国人投資家が主導権を握り、専業トレーダーだって「命の次に大切なもの」を賭けて戦っているのです。

手強い機関投資家や海千山千の専業トレーダーと互角に渡り合えるよう、筆者なりに個別銘柄や相場全体の分析を行っているものの、勝率は今後もそう変わらないかもしれません。

といっても、投資は結果が物を言う世界です。「なんだか、言い訳がましいな」とか思われた方のために、今度は別の数字をお見せしましょう。

利益額5967万円、損失額2476万円、損益額3492万円

トータルの儲けは3492万円。筆者の本業はセミナー講師などであり、株式投資が副業的な位置づけであることを考慮すれば、まずまずの成果であると自負しています。

たとえ1勝1敗ペースであっても「勝ったときの儲けを大きく、負けたときの損を小さく」することにより、サッカーでいうところの得失点差が広がった結果、全体として利益を出せました。

もちろん、最初からうまくいくはずもなく、折にふれ自分の投資行動を振り返ることにより、投資手法の改善を積み重ねた結果、少しずつ儲かるようになったのです。

株は、勝率と得失点差によってリターンの決まるゲームですが、20年間の投資経験を通じて申し上げられるのは「勝率を上げることは困難だが、得失点差を広げることは可能」ということです。

- 強敵と互角に渡り合うため、個別銘柄や相場全体の分析はもちろん必要である
- しかし、敵も同等の（あるいはそれ以上の）分析を行っていることから、大きく勝ちこすのは困難に近い
- よって、1勝1敗ペースを堅持できればOKとする
- 一方、自分の投資行動を振り返る自己分析と、その結果を受けた投資手法の改善は、本人だけで完結できる
- それゆえ、得失点差を広げることは難しくない
- 自己分析による投資手法の改善を継続的に行うことで、パフォーマンスは向上できる

以上をまとめると、タイトルにもなっている「敵と自分を知り、1勝1敗でも儲ける株式投資」を実践するためのキーワードは次の3つになります。

木（個別銘柄）を見て、森（相場全体）を見て、鏡（自分自身）を見る

本書では、この3つのテーマについて、独自の視点を踏まえ、個別銘柄分析（第1章～第2章）、株式相場全体の分析（第3章）、自己分析（第4章～第6章）の順に取り上げました。

第1章では、企業の本質的価値を算出するのに最適なグレアム流PERについて紹介しています。第2章では、フランチャイズ（営業上の特権）を備えた、バフェット流エクセレント・カンパニーの選び方を取り上げました。

こういったファンダメンタル分析に基づき、自分なりの投資判断を下せるようになれば、雑誌やネットの情報に踊らされ、損をしてしまうことが少なくなります。というのも、世間に出回っている情報は先回りしている投資家のポジショントークであることが少なくないからです。

それどころか、誰にも注目されていない銘柄を発掘して、大きなリターンを手に入れることも可能です。

第3章では、相場全体の分析をするうえで、あまり知られていない割に重要性の高い指標を5つ紹介しています。

5つの指標を参考に、冷静に株式市場を見れるようになれば、バブルの雰囲気に飲まれて大火傷することもなくなるはずです。

それどころか、株式投資への関心が失われている安値圏で買い注文を入れることにより、世間が「株だ株」と騒ぎ出した頃には、含み益をたっぷりと得ていることでしょう。

第4章から第6章にかけてが、本書の売りです。

第4章では、自己分析のために必要不可欠な記帳について解説しています。

第5章では、筆者が実際に行った自己分析と投資の改善をケーススタディとして取り上げています。

第6章では、筆者が拙い自己分析を通じ、おぼろげながらもつかみつつある投資の奥義「勝ち逃げ」について述べました。

筆者も未だに発展途上ですが、自己分析に取り組むことにより、同じようなミスを繰り返し、損失を出し続けることが少なくなります。勝てる投資家と負ける投資家との紙一重の差は「自己を正しく理解しているかどうか」だからです。

それどころか、自分の弱みを理解したうえで、己に打ち勝つことができれば、投資のパフォーマンスを劇的に改善できます。

本書は、筆者にとって11冊目の著作に当たります。個人投資家として、20年間で得た知見を元に、全力で取り組みました。株式投資に真摯《しんし》な態度で取り組んでいる、皆さんの参考になれば幸いです。

第3章　株式相場全体の分析――あまり知られていないとっても重要な5つの指標

第4章　「勝ち組」と「負け組」を分ける記帳という習慣の重要性

第5章　パフォーマンスを劇的に改善する「自己分析」と「投資の改善」

第6章　株式投資の奥義は「勝ち逃げ」にあり──20年にわたる筆者の実体験をもとに

第1章

ＰＥＲ（株価収益率）

——誰も教えてくれなかった由緒正しいＰＥＲの使い方

1 トヨタ自動車の株価は割安か

第1章では、PERを用い、景気循環株への投資を行うグレアム流バリュー投資について紹介します。

◆たかがPER、されどPER

PER（Price Earnings Ratio：株価収益率）という有名な指標があります。PERは、株がEPS（1株当たり利益）の何倍で買われているかを示しています。

●PER＝株価÷EPS（1株当たり利益）

計算式はいたってシンプルながら、実はこのPER、奥が深いのです。どういうことか、トヨタ自動車（7203）をケーススタディとして、説明しましょう。

◆PER10倍のトヨタ株は買いか？

この原稿を書いている2014年11月末、トヨタ自動車の株価は7314円で終わりました。業績は絶好調です。11月5日に発表された第2四半期決算にて、2015年3月期のEPSは630・37円に上方修正されました。

株価とEPSにより、PER（株価収益率）を計算すると11・6倍です。

●PER11・6倍＝株価7314円÷EPS630・37円

PERの適正水準は金利や相場の状況、業種などにより異なり、一概にはいえないものの、15倍がひとつの目安となります。

したがって、トヨタ自動車のような優良企業のＰＥＲが１１・６倍であれば、割安に思えます。果たして、トヨタ株は買いでしょうか？

◆素直にＥＰＳを使っていいのか

ここでのポイントは、素直にＥＰＳを使えるか否かです。なぜなら、企業収益は多かれ少なかれ、景気の影響を受けるからです。

車は耐久消費財であり、好況時にはよく売れ、不況時には売れなくなります。とりわけ、トヨタ自動車のドル箱である北米では、顧客の大半は車をローンで買います。ゆえに景気の悪化により失業者が増え、金融機関でローンを組みにくくなれば、車の売れ行きはガクンと落ちます。

直近１０年においても、世界的好景気に沸いた２００７年３月期から２００８年３月期にかけて売上と利益を伸ばした後で、リーマンショックの起こった２００９年３月期は一転して赤字に転落しました。その後、２０１０年３月期から２０１２年３月期にかけても業績の低迷が続き、２０１３年３月期にようやく業績不振から脱したばかりです（図表１－１）。

以上により、２０１５年３月期の予想ＥＰＳ６３０・３７円ができすぎた数字であり、本来の収益力を上回っていると考えるのが自然でしょう。そういった面を考慮せず、目先のＥＰＳばかりを追いかけて投資を行えば、思わぬ高値づかみとなってしまう恐れがあります。

図表１－１　トヨタ自動車の業績推移

決算期	売上高	営業利益	税引前利益	純利益	EPS	配当	BPS
2005.3	18,551,526	1,672,187	1,754,637	1,171,260	355.35	65	2,767.67
2006.3	21,036,909	1,878,342	2,087,360	1,372,180	421.76	90	3,257.63
2007.3	23,948,091	2,238,683	2,382,516	1,644,032	512.09	120	3,701.17
2008.3	26,289,240	2,270,375	2,437,222	1,717,879	540.65	140	3,768.97
2009.3	20,529,570	-461,011	-560,381	-436,937	-139.13	100	3,208.41
2010.3	18,950,973	147,516	291,468	209,456	66.79	45	3,303.49
2011.3	18,993,688	468,279	563,290	408,183	130.17	50	3,295.08
2012.3	18,583,653	355,627	432,873	283,559	90.21	50	3,331.51
2013.3	22,064,192	1,320,888	1,403,649	962,163	303.82	90	3,835.30
2014.3	25,691,911	2,292,112	2,441,080	1,823,119	575.30	165	4,564.74
2015.3	26,500,000	2,500,000	2,700,000	2,000,000	630.37	未定	

注：2015年3月期は会社予想

トヨタ自動車のように、景気次第で業績の変動する銘柄では、いくら目先のＥＰＳが好調であっても、額面どおりに受け取るのはリスキーです。そのＥＰＳを元に計算したＰＥＲ１１・６倍も、一概に割安とは言い切れません。

2 我が国で誰も教えてくれなかった由緒正しいグレアム流ＰＥＲの求め方

景気循環株では、ＥＰＳに調整を加え、ＰＥＲを再計算することで、株高局面での高値づかみを防ぐことができます。

◆ＥＰＳの調整がミソ

先ほど説明したように、トヨタ自動車のような景気循環株では、目先のＥＰＳを元に計算したＰＥＲだけでは割高・割安を判断できません。

というのも、好況時はＥＰＳが上昇するためＰＥＲが低くなり、不況時はＥＰＳが減少するためＰＥＲが高くなるからです。

実際に、ある機関投資家は独自の調査を行って好況時のＥＰＳを割り引き、不況時のＥＰＳに下駄を履かせた後で、ＰＥＲを再計算していると聞きました。ＰＥＲを用いるうえでは、ＥＰＳの調整がミソだそうです。

しかし、個人投資家レベルでは、そこまで調査するのは難しいです。比較的簡単に、トヨタ本来のＥＰＳを求めるには、どうすればいいのでしょうか？

◆グレアムの公式を用い、正しいＰＥＲを求める

今から８０年前、世界大恐慌直後の米国で、この問題の答えを出した人物がいました。「バリュー投資の父」と呼ばれているベンジャミン・グレアムです。彼は、１９３４年に出版され、今でも読まれている投資の名著『証券分析』（パンローリング刊）の中で、次のように述べています。

> 普通株の時価はその会社の長期的な平均利益よりも当期利益を反映したものである。これが普通株の値動きを激しくしている大きな理由であり、これを逆の観点から見るとそうした会社の業績は好不況期によって大きなばらつきがあるということである。当期利益の変化に応じて

その企業の価値も大きく変化するという点では、株式市場とはまったく非合理なものである。（中略）この点に関する投機家の間違った考え方が論理的に考える賢明な投資家に利益のチャンスを与えているともいえる。つまり、一時的に減益になった会社の普通株を安値で買い、その後の好況期の高値で売れば利益を手にすることができるということである。

グレアムは、このように前置きしたうえで、株式投資の評価基準として、当期利益より過去7～10年間の平均利益（平均ＥＰＳ）を用いるように提案しています。本書では、これを「グレアムの公式1」と名づけます。

●グレアムの公式1：PER＝株価÷過去7～10年間の平均EPS

◆トヨタ自動車のＰＥＲを再計算してみる

それでは、グレアムの公式1を用いて、トヨタ自動車のＰＥＲを再計算してみましょう。

まず、１５ページの図表１－１より、過去１０年間の平均ＥＰＳを計算します。ここで悩むのは、赤字だった２００９年の扱いです。除外して過去9年で計算したり、そのまま差し引いたりするやり方もありますが、今回は0円に置き換えて計算しました。

結果、過去１０年の平均ＥＰＳは２９９・６１円となります（次ページ参照）。この平均ＥＰＳが、景気の波を平準化したトヨタ本来の収益力です。

このＥＰＳを元に計算したＰＥＲは２４・４倍です（次ページ参照）。ＰＥＲの目安である１５倍を大きく上回っており、とても割安とはいえません。

今後、世の中が再び不況に陥り、トヨタ株が値を下げたら、７３１４円で買った投資家は後悔するのではないでしょうか。

★トヨタ自動車の過去10年の平均ＥＰＳ

＝２９９.61円
＝（３５５.３５＋４２１.76+５１２.09+５４０.65+０＋66.79+１３０.17+９０.２１＋３０３.82+５７５.3）÷10

計算

★トヨタ自動車のＰＥＲ

ＰＥＲ２４.４倍
＝株価７３１４円÷ＥＰＳ２９９.61円

3 トヨタ自動車の本質的価値はいくらか

「グレアムの公式」を活用すれば、トヨタ自動車の本質的価値（フェアバリュー）を計算することもできます。

◆トヨタ自動車の本質的価値

当のグレアムは、ＰＥＲの適正水準についても一家言を持っていました。前掲『証券分析』にも、ＰＥＲに関する記述（＝ＰＥＲ16倍以上で普通株を購入する人は最終的に大損することになる）があります。

裏を返せば、ＰＥＲ15倍までならＯＫと受け取れます（偶然ですが15倍という数字は、ＰＥＲの目安とも一致します）。これより「グレアムの公式2」が導かれます。

●グレアムの公式2：本質的価値＝PER15倍×過去7〜10年間の平均EPS

公式2より、トヨタ自動車の本質的価値を計算すれば、4494円となります。

●本質的価値4494円＝PER15倍×過去10年間の平均EPS299・61円

◆バリュー投資には欠かせない安全域

グレアムの公式2より「トヨタ株を本質的価値の4494円で買えば、必ず儲かるんだ」と思った人もいるでしょう。しかし、バーゲンハンターでもあるバリュー投資家は、企業の定価ともいえる本質的価値では買いません。大幅に割安になるバーゲン価格まで下がらなければ、買い出動しないのです。それでは、どれぐらい割安になればいいのでしょうか？

ここでの魔法の数字は、グレアムも推奨している「3分の2」です。つまり、本質的価値の3分の2

以下の株価で投資することが望ましいとされています。

この余裕率を「安全域」といい、バリュー投資における大切な考え方です。本質的価値と安全域より、グレアムの公式3が導き出されます。

●グレアムの公式3：バーゲン価格≦本質的価値×安全域2／3

そして、公式3より、トヨタ自動車の買値は、バーゲン価格である2996円以下になります。

★トヨタ自動車の買値：バーゲン価格2996円≦本質的価値4494円×安全域2／3

◆安全域のメリット

念のため、安全域について簡単に補足説明しておきましょう。安全域は、高速道路を走っているときの車間距離をイメージすると分かりやすいです。予め、十分な車間距離を取ってあれば、前方で不測の事態が起こっても、余裕を持って対応できますね。

さらに安全域には、３つのメリットがあります。

- ●株価が買値から本質的価値に戻っただけで、５割以上も儲かっている
- ●安値で買えているため、しばらく株価の戻りが冴えなくても安心できる
- ●見込み違いが起こったとしても、大損にはなりにくい

先の読めない株式投資は、濃い霧の中で高速道路を走っているようなものです。常に十分な安全域を確保して、安全運転に努めましょう。

4 実際の売買でも通用するグレアム流ＰＥＲ

最後にトヨタ株について、本質的価値と安全域を用いた売買のシミュレーションを行っておきます。

◆本質的価値と安全域を重視する売買

本質的価値と安全域を重視するグレアム流のバリュー投資では、「本質的価値の3分の2以下で買い、本質的価値を上回れば売る」という投資を繰り返します。

しかし、実際にそのような投資ができなければ、絵に描いた餅に過ぎません。そこで、次ページのトヨタ自動車のチャート（図表1－2）を見ながら、シミュレーションを行っておきましょう。

なお、本質的価値とそれを元に計算する買値は、毎年のように変動するはずですが、ここでは便宜上、先ほど計算した数字を過去に遡って適用します。

図表1－2　トヨタ自動車　株価チャート（２０１０年１２月～２０１３年１１月）

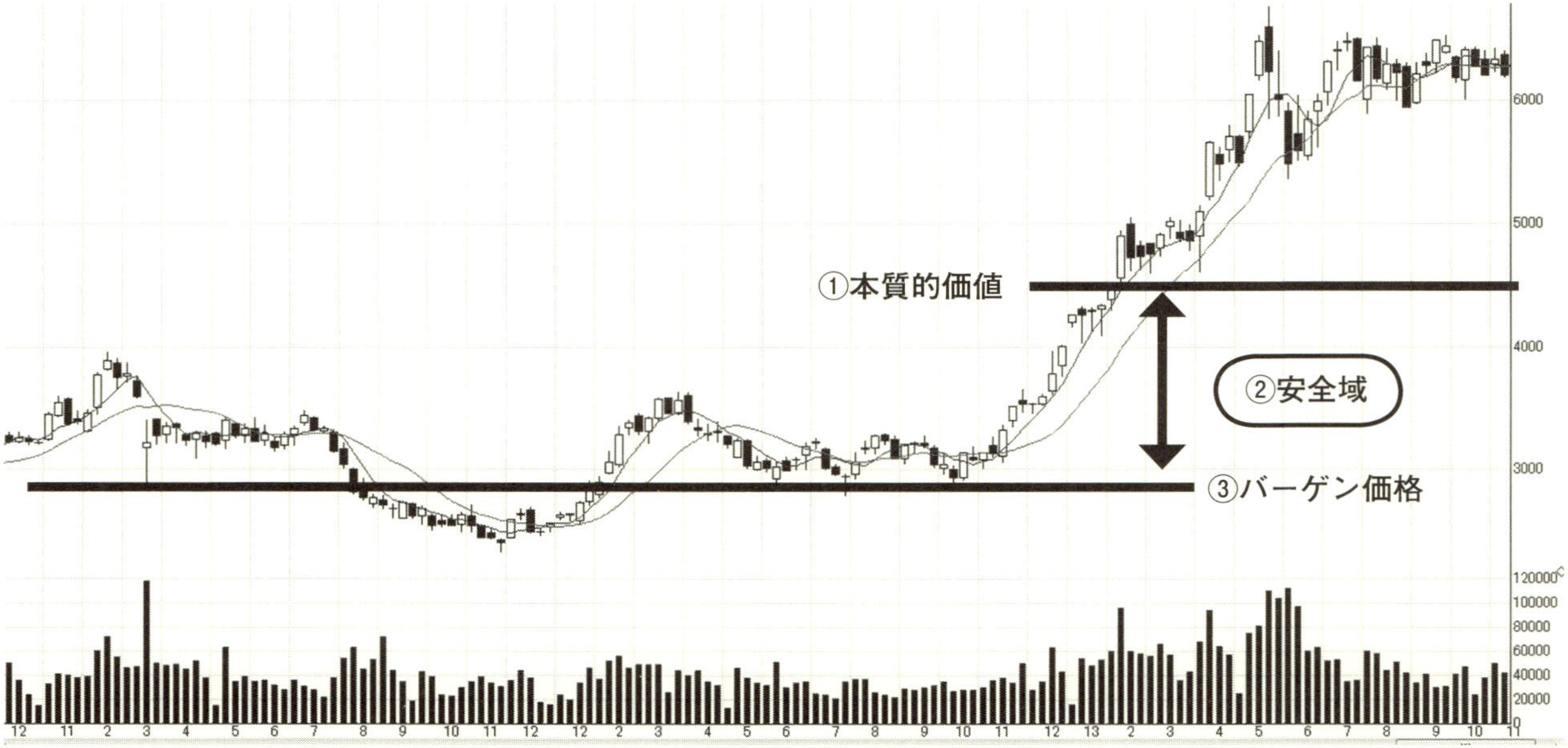

①株価が本質的価値を上回れば売り時

②バリュー投資では安全域を確保する

③株価がバーゲン価格を下回れば買い時

●本質的価値4494円＝PER15倍×過去10年間の平均EPS299・61円
●バーゲン価格2996円＝本質的価値4494円×安全域2／3

◆日本株の低迷時、トヨタ自動車の買い時は何度もあった

買い時は、日本株が低迷していた2010年から2012年の間に、何度かありました。バーゲン価格2996円を割り込んだのは、次の4回です。

とりわけ、2011年秋の下げは厳しく、2330円まで売られました。今から振り返れば、とんでもなく安かったわけですが、株価は短期的には投資家心理の影響を大きく受けるため、上にも下にもぶれやすいものです。

そういった局面ほど「本質的価値より大幅に安く買っている」という安全域が精神的な支えになります。

●2010年秋のギリシャショック時・・・安値2800円
●2011年3月の東日本大震災直後・・・安値2830円
●2011年秋のギリシャショック再発時・・・安値2330円
●2012年夏場から秋口にかけて・・・安値2795円

◆アベノミクス相場での急騰後が売り時

トヨタ株が本質的価値４４９４円を上回ったのは、アベノミクス相場で日本株が急騰した２０１３年でした。２月以降なら、いつ売ってもＯＫです。

このような投資判断を行えば、トヨタ自動車のような大型株でも、数年の投資で５０％以上のリターンを上げることができました。

ちなみに、この年の後半は株価が６０００円を上回っている時期も長く、４４９４円を少し上回ったところで売ってしまえば、儲け損なったともいえます。

一見、もったいないようにも思えますが、グレアム流のバリュー投資では、本質的価値以上の上値を追いません。当のグレアムも『証券分析』で次のように指摘しています。

> （本質的価値を上回る）ＰＥＲ１６倍以上の普通株を買って大きく儲ける人もいるだろうし、そうした行為はそれなりに賢明な投機ではある。しかし、そうした投機で儲け続ける人はほとんどいないのもまた事実である。

一仕事終えた後、バリュー投資家は、いったん株式市場の喧騒から離れます。そして、再び不況になり、トヨタ自動車の株価が安全域を確保できるバーゲン価格に落ち込むまで、我慢強く待つのです。

◆グレアム流ＰＥＲのまとめ

グレアム流ＰＥＲは、我が国の大企業に多い自動車メーカーなど景気循環株への投資に効果的です。不景気で業績の悪化したときに買い、好景気で業績の回復したときに売れば儲かるのが景気循環株だからです。

一方、景気の影響をあまり受けないドラッグストアなどの安定成長株には、グレアム流ＰＥＲは適しません。毎年のようにＥＰＳが成長するため、過去１０年間の平均ＥＰＳを用いれば、永遠に投資チャンスなど訪れないからです。安定成長株では、素直に予想ＥＰＳを用いるべきでしょう。

要するに、株のタイプに応じて、ＰＥＲを使い分けることが大切なのです。

第2章

我が国にバフェット型企業は存在するのか

――バフェットの視点で日本企業を分析する

1 たった一代で莫大な富を築いたウォーレン・バフェット

第1章では、景気循環株への投資に向いているグレアム流の手法を紹介しました。ただ、皆さんの中には優良企業に投資を行い、なるべく長く持ち続けたい人も少なくないはずです。そういった場合に最適なのが、この章で紹介するバフェット型バリュー投資です。

◆米国の株価指数S&P500をはるかに上回るパフォーマンス

ウォーレン・バフェットは、たった一代で莫大な資産を築き、世界長者番付上位の常連として知られている米国のバリュー投資家です。

第1章でも取り上げたグレアムの弟子であり、当初はグレアム流バリュー投資に忠実でしたが、やがて「一流企業への長期集中投資を行う」という自分なりの流儀を編み出しました。

図表２－１　バークシャー・ハサウェイ　株価チャート（１９８０年～）

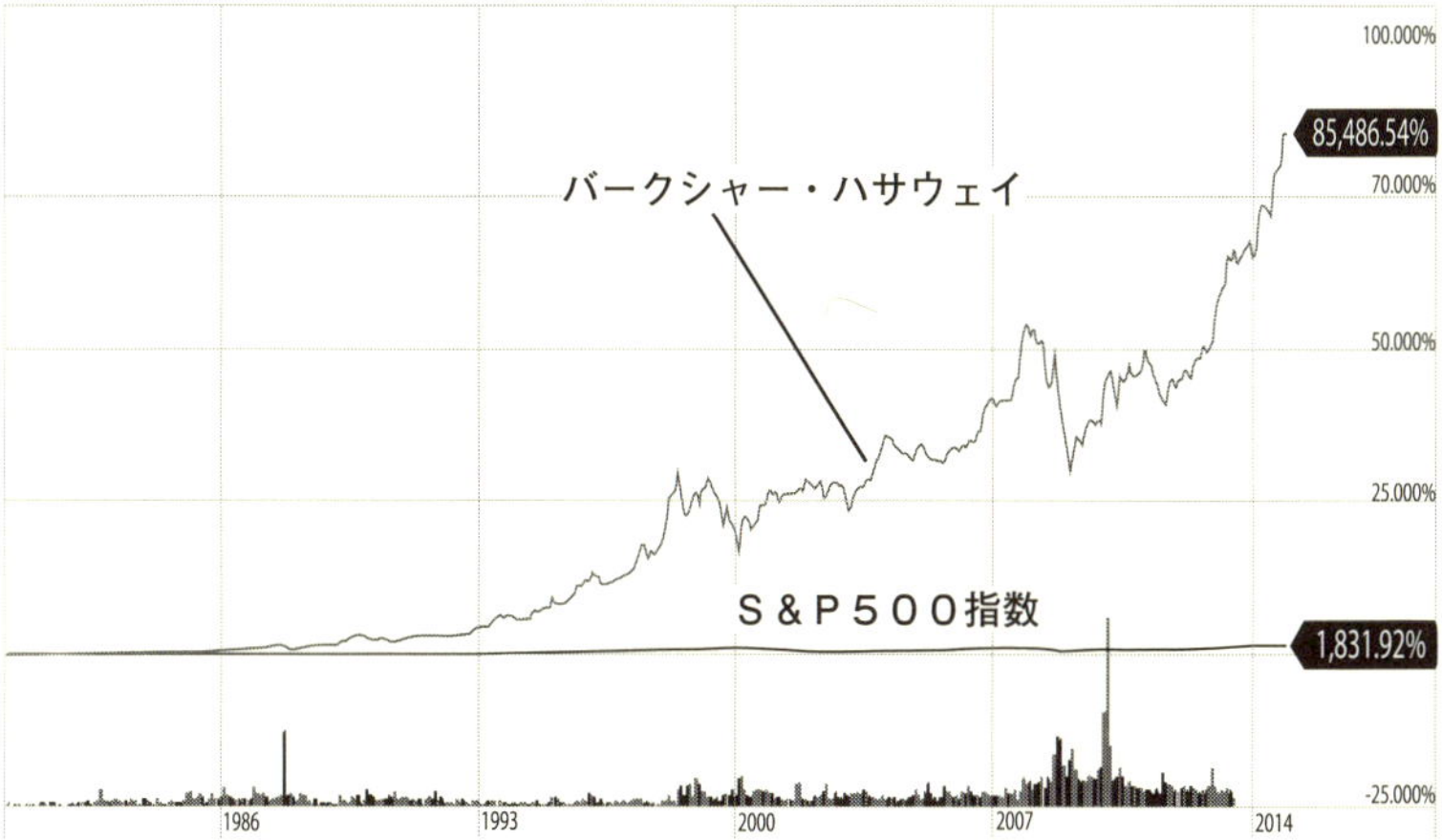

１９８０年以降、ほぼ横ばいに見えるＳ＆Ｐ５００指数でも１９倍以上に上昇している。それに対してバークシャー・ハサウェイは８００倍以上に上昇しており、Ｓ＆Ｐ５００指数に対して目を見張るパフォーマンスを見せている

彼の率いる投資会社、バークシャー・ハサウェイ社は米国市場で上場しており、中長期の株価パフォーマンスにおいて、米国の代表的株価指数であるＳ＆Ｐ５００に圧倒的な差をつけています（図表２－１）。

◆バフェット流バリュー投資のポイント

バフェットは、ジョン・トレインの著書『ファンド・マネジャー』（日本経済新聞社刊、後に日本経済新聞社より『マネーマスターズ列伝』として再版）の中で、著者へのインタビューで、次のように答えています。

> 産業界というものは、金を払って投資するに値する、極めて少数の一流企業と、長期保有する魅力の全くない、膨大な数の二流企業から成り立っている。（中略）ほとんどの企業はふつう実体価値以上の値段で売買されているが、ごく稀に、素晴らしい一流企業が誰からも見捨てられていることがある。そんな時には、たとえ景気や相場の見通しが悪くてもかまわない、思い切って買うべきだ。

この短い文章に、バフェット流バリュー投資のポイントが集約されています。

●金を払って投資するに値する一流企業を選ぶ
●その一流企業が見捨てられているときに買う

◆金を払って投資するに値する一流企業とは

金を払って投資するに値する一流企業とは、「フランチャイズ」を備えている企業です。ここでのフランチャイズは「営業上の特権」という意味です。競争優位や参入障壁と置き換えた方が分かりやすいかもしれません。

フランチャイズにより、何らかの点で優位な立場を確保しており、他社の新規参入で製品の売値や収益を圧迫される恐れのない企業こそが、厳しい競争社会においても長期間にわたり高いＲＯＥ（自己資本利益率）を維持できます。

それに対して世の中の企業の大半は、汎用品を提供している「コモディティ」といえます。コモディティとは、製品やサービスに際立った特色がなく、価格が唯一最大の選択基準となるような事業を行っている企業です。具体的には、製紙会社、製鉄会社、家電量販店、航空会社などが該当します。儲かるかどうかは需給（景気）次第ですが、業界全体として余剰設備を抱えているため、日頃から供給過多に悩まされています。コモディティに代表される、長期保有する魅力のまったくない二流企業は、バフェット型バリュー投資の対象外です。

◆一流企業が見捨てられているときとは

バリュー投資では、本質的価値に対して割安な銘柄が投資対象になります。二流企業であっても、株式市場が堅調なときは本質的価値以上に評価されていることが少なくありません。ましてや一流企業となれば、フランチャイズが株価に織り込まれた、プレミアム付きの高値で売買されます。

したがって、フランチャイズを備えている一流企業を安値で買えるのは、次のような状況に限定されます。つまり、世間全体が株式市場やその企業に対して、悲観ムード一色で染まっているようなケースです。

●株式市場全体が大きく落ち込んだとき

●悪材料や一時的な業績悪化により売り込まれたとき

バフェットは、このような投資チャンスを我慢強く待ち、尻込みする他の投資家を横目に買い進み、一代で莫大な資産を築きました。

代表的な投資例としては、次の3つが知られています。

- ●1964年、金融詐欺に巻き込まれ、株価の急落したアメリカン・エキスプレス株を大量買い
- ●1973~74年の株価暴落時、テレビ局や新聞社、広告代理店の株式を大量取得
- ●1990年、不動産不況の最中に、ウェルズ・ファーゴ銀行に投資

2 我が国にバフェット型企業は存在するのか

続いて、我が国の投資家にとって、永遠の課題でもある「日本でバフェットのような長期集中投資ができるのか」を考えてみます。

◆バリュー投資家、永遠の疑問

バリュー投資を手がけている個人投資家の間では、ときおり「我が国にも、フランチャイズを備えている、バフェット型企業（バフェットの好む銘柄）は存在するのか」という議論が起こります。

というのも、バフェットが個人投資家の憧れであり、バフェット流バリュー投資を実践したくても、自国に投資対象が存在しなければ意味がないからです。

筆者自身は、日本にもバフェット型企業は存在すると確信しています。それでは、どのような企業が該当するのでしょうか。

◆ビジネスモデルで見る、3タイプのバフェット型企業

バフェットが投資を行ってきた企業は、3つのビジネスモデルに大別できます。

①トールゲート（関所）型ビジネス
②消費者独占ビジネス
③フロート（滞留資金）型ビジネス

ひとつ目は、誰もが使う（あるいは使わざるを得ない）仕組みを創って儲けているトールゲート型ビジネスです。トールゲートとは、通行料金徴収所のことで、昔の関所をイメージすると分かりやすいです。バフェットの投資銘柄では、格付け会社のムーディーズ、クレジットカードの2大ブランドであるビザ、マスターカードが該当します。

2つ目は、圧倒的なブランド力と市場シェアで優位に立つ消費者独占ビジネスです。他社の新規参入を困難にすることで、高い収益力を長期間にわたって維持できます。バフェットも、長年にわたり、コカ・コーラ（説明不要でしょう）、パンパースなどのブランドで知られているP&Gに投資しています。

３つ目は、先に代金を受け取り、後で支払うフロート型ビジネスです。この手の事業を手掛けている会社は、フロートと呼ばれる多額の滞留資金を得られるため、常にキャッシュリッチです。保険好きのバフェットは、投資会社のバークシャー・ハサウェイ傘下にガイコやジェネラル・リーといった保険会社を有しています。

我が国においても、この３つのビジネスモデルを採用している企業の中に、バフェット型企業が含まれているはずです。

◆エクセレント・カンパニー度を測る１１項目のチェックリスト

とりあえず、ビジネスモデルで当たりを付けたとしても、最終的にバフェット型企業に当てはまるか否かは、個別銘柄ごとに判断する必要があります。その際に活用できる便利なチェックリストを紹介しておきます。

次の１１項目は、バフェットが、前述のトレインがインタビューの中で挙げている「投資対象としてのエクセレント・カンパニー」の条件です。これらの半分以上（６項目以上）に当てはまれば、バフェット型企業である可能性が高いといえそうです。

①資本利益率が高い

②事業が誰にもよく理解できる
③利益はいつでも現金化できる状況にある
④強力な「フランチャイズ」を備えており、プライスリーダーの立場にある
⑤天才でなくても十分経営可能な事業である
⑥利益の予測をつけやすい
⑦政府の規制を受けにくい事業である
⑧在庫水準が低く、資産の回転率が高い
⑨経営陣が株主に顔を向けている
⑩棚卸資産と有形固定資産の合計に対する利益率が高い
⑪最高の会社とは、自らの資本は最小に抑え、他の会社の成長を利用できる会社である

3 トールゲート（関所）ビジネス　日本M&Aセンター

それでは、３つのビジネスモデルと１１項目のチェックリストを用いて、我が国のバフェット型企業を探してみましょう。

まずは、トールゲート（関所）ビジネスのケーススタディとして、日本M&Aセンターを取り上げます。

◆中堅中小企業の事業継承案件に特化している日本M&Aセンター

日本M&Aセンター（２１２７）は、会計士・税理士の共同出資で設立された独立系コンサルティング会社です。

M&Aといえば大企業同士の敵対的買収を思い浮かべますが、同社の手がけているビジネスは中堅中小企業に特化した事業継承案件（友好的M&A）です。

図表2－2　日本M＆Aセンター　業績推移

決算期	売上高	営業利益	経常利益	純利益	EPS	配当	BPS	ROE
2005.3	1,469	443	444	293	18.4	1.56	35.8	51.4
2006.3	2,099	731	733	390	18.5	2.08	40.5	45.8
2007.3	2,631	1,019	1,005	568	17.3	4.17	88.4	19.6
2008.3	3,423	1,461	1,485	902	24.5	8.33	103.5	23.7
2009.3	4,009	1,736	1,651	877	23.1	8.33	114.7	20.1
2010.3	3,655	1,364	1,376	782	19.9	8.33	123.8	16.1
2011.3	5,008	2,282	2,171	1,200	30.1	10.83	144.1	20.8
2012.3	6,005	2,771	2,834	1,609	40.3	14.17	173.3	23.2
2013.3	7,214	3,405	3,437	2,074	51.9	18.33	209.2	24.8
2014.3	10,547	5,448	5,496	3,344	83.6	30	272.7	30.7
2015.3	11,000	5,750	5,750	3,625	90.7	32		

注：2015年3月期は会社予想

決算期	営業CF	投資CF	財務CF	現金同等物
2010.3	523	-1,198	-298	1,689
2011.3	2,343	-1,465	-364	2,203
2012.3	1,348	695	-465	3,781
2013.3	2,707	309	-666	6,132
2014.3	4,278	-1,020	-799	8,590

我が国の中堅中小企業は、経営者の高齢化が進んでおり、後継者不足という構造的問題を抱えています。事業環境の変化に対応できず、存続の危機にさらされている老舗も少なくありません。

一方、機会があればM&Aにより業容を拡大したいという、活力に満ちている元気な会社も存在します。それゆえ、潜在的なものを含め、同社のビジネスに対するニーズは高いと思われます。現に、有価証券報告書の【事業等のリスク】には、次の表記があります。

> 国内M&Aマーケットの中でも当社グループがターゲットとしている後継者問題解決のための中堅中小企業のM&Aマーケットは、少子高齢化や中堅中小企業をとりまく厳しい経済環境等を背景に今後も安定的に拡大を続け、短期的にそのトレンドが大きく変化することは現時点では考えにくいものと当社グループでは分析しています。

◆全国規模の情報ネットワークと業界固有のノウハウというフランチャイズ

同社のようなコンサル業は、参入障壁がないに等しいです。事務所を構え、それなりの業務知識を持った人員を揃えれば開業できます。

ただし、それだけでは商売にならないのも事実です。税理士のような士業が、もっとも苦手としている一番の課題は、営業力だからです。どれだけ有能なコンサルタントを揃えても、案件を獲得できなければ経営が成り立ちません。

同社は、日本最大級のM&Aネットワークを構築して、会社や事業の譲渡情報や譲受情報が集まる仕組みを作っています。

●地域を代表する会計事務所が設立した地域M&Aセンター（全国約570）
●地域M&Aセンター以外の各種士業者（全国1800）
●地方銀行の9割、信用金庫の7割（全国約300行庫）
●東京・大阪・名古屋をはじめとする全国の商工会議所等

仮に、他社が新規参入しても、一朝一夕にこれだけの情報ネットワークを築き上げるのは、ほぼ困難といえるでしょう。

それに加えて、同社は23年間にわたって蓄積された成約実績累計2000件のM&Aデータベースを保有しています。こういった業界固有のノウハウも、短期間で得られるものではありません。

以上を、有価証券報告書の【事業等のリスク】では、次のようにまとめています。

当M&A業界は、仲介業務を遂行するために必要な許認可等が存在するわけでもなく、基本的に参入障壁が低い業界といえます。

当社グループが、優良な案件情報を全国から継続的、安定的に入手するために構築した全国規模の情報ネットワークやこれまでの仲介業務の中で培ってきた当業界固有のノウハウは、短期間には模倣できるものでなく、当社グループが他社との差別化を図り競争優位を確保できる重要な要因であると認識しています。


全国規模の情報ネットワークと業界固有のノウハウというフランチャイズにより、「他社に事業を売りたい」「他社の事業を買いたい」中堅中小企業が通らざるをえないトールゲート（関所）を創ることで、日本M&Aセンターは中堅中小企業向けのM&A仲介ではナンバーワンの地位を築いています。

ゆえに、同社はバフェット型企業といえます。

◆日本M&Aセンターのエクセレント・カンパニー度

続いて、日本M&Aセンターのエクセレント・カンパニー度をチェックしましょう。○、△、×の3

段階で評価します。

①資本利益率が高い：○

資本利益率とは、ROE（自己資本利益率）のことです。2014年3月期のROEは30・7％であり、極めて高い数字です。

また、過去10年間にわたり、高いROEを維持しています（図表2－2）。

●ROE30・7％＝EPS83・6÷BPS272・7

★ミニ解説：ROE

ROE（Return on Equity：自己資本利益率）とは、自己資本に対して、いくらの利益をあげたかを示すものです。

●ROE＝EPS（1株当たり利益）÷BPS（1株当たり純資産）

●ROE＝当期純利益÷自己資本

ROEが高ければ、株主の出資分である自己資本を有効活用できているといえます。それゆえ、二桁（10％以上）のROEが望ましいとされています。

②事業が誰にもよく理解できる：○

中堅中小企業のM&Aを仲介し、成功報酬を受け取るビジネスです。

③利益はいつでも現金化できる状況にある：○

2014年3月期の当期純利益3344百万円に対して、営業CF（営業活動によるキャッシュ・フロー）4278百万円となっており、帳簿上の利益より現金収入が多いという好ましい状況です（図表2－2）。

FCF（フリー・キャッシュ・フロー）も潤沢です。営業CFと投資CF（投資活動によるキャッシュ・フロー）の合計であるFCFは、3258百万円に達しています。

●FCF3258＝営業CF4278＋投資CF▲1020

さらに、連結キャッシュ・フロー計算書（図表2－5）の投資CFを詳細に分析すれば、定期預金の預入による支出▲1904百万円と、定期預金の払戻による収入703百万円が突出しており、設備投資は有形固定資産の取得による支出▲55百万円と、無形固定資産の取得による支出▲55百万円のみです。

同社のような、営業CFの大半が財テクで占められているケースでは、営業CFより設備投資のみを差し引いた方が、より正確なFCFを計算できます。その結果、FCFは4168百万円となり、利益はいつでも現金化できる状況にあるといえます。

●FCF4168＝営業CF4278＋有形固定資産の取得による支出▲55＋無形固定資産の取得による支出▲55

★ミニ解説：営業CF、FCF

営業CF（営業活動によるキャッシュ・フロー）とは、商品やサービスの提供など、営業活動における現金収支です。簡易的には次の式で求められます。

●営業CF＝当期純利益－減価償却費±運転資本増減

帳簿上の利益である当期純利益が黒字でも、営業ＣＦがマイナスであれば、現金収入を得られていないことになります。そんな企業は、投資対象から外すべきでしょう。

ＦＣＦ（フリー・キャッシュ・フロー）とは、本業で稼いだ現金収入から、設備投資などの資本的支出を差し引いたもので、会社が自由に使えるお金を意味します。計算式は次のとおりです。

●ＦＣＦ＝営業ＣＦ（通常はプラス）＋投資ＣＦ（通常はマイナス）

しかしながら、投資ＣＦ（投資活動によるキャッシュ・フロー）には、有形固定資産の取得などの設備投資以外に、投資有価証券の購入や定期預金の預入といった財テクが含まれているケースも少なくありません。

より正確にＦＣＦを求めたい場合は、営業ＣＦから純粋な設備投資のみを差し引きます。

●ＦＣＦ＝営業ＣＦ－設備投資

バフェット本人は、ＦＣＦの潤沢な企業を好みます。

④強力な「フランチャイズ」を備えており、プライスリーダーの立場にある：◯

全国規模の情報ネットワークと業界固有のノウハウという、強力なフランチャイズを備えています。また、同業で2013年に上場したM&Aキャピタルパートナーズが同社を意識した料金設定を行っていることから、プライスリーダーといえます。

⑤天才でなくても十分経営可能な事業である：◯

同社は、創業者である分林保弘（わけばやし・やすひろ）会長のオーナー経営ですが、強力な「フランチャイズ」を備えていることから、天才でなくても十分経営可能な事業であると思われます。

⑥利益の予測をつけやすい：△

成功報酬型であり、景気の影響も受けるため、単年度の予測は困難です。ただ、同社のビジネスに対するニーズの高さを鑑みれば、中長期的には拡大していくものと予測できます。

⑦政府の規制を受けにくい事業である：◯

有価証券報告書の【事業等のリスク】にも記載されているとおり、特に規制はありません。

⑧在庫水準が低く、資産の回転率が高い：△

業種柄、在庫は不要で、連結貸借対照表（図表2－4）にも棚卸資産（在庫）は計上されていません。

一方、資産の回転率を示す総資産回転率は0・75回です。目安とされる1回を切っており、決して高くはありません。原因として、現金及び預金8991百万円、有価証券1801百万円、投資有価証券951百万円、長期預金1100百万円などの余剰資金を抱え込んでいることが挙げられます。

●総資産回転率0・75＝売上高10547÷総資産13977

★ミニ解説：総資産回転率

総資産回転率は、効率性を見る代表的な指標です。

●総資産回転率 ＝ 売上高 ÷ 総資産

総資産回転率は高いほどいいわけですが、目標値としては1回が目安とされています。一般的に、薄利多売の卸売業や小売業では高くなり、研究開発や生産設備への投資が必要な製造業（特に重工業）では低くなります。

⑨経営陣が株主に顔を向けている：△

配当性向は35％と高めながら、先ほど述べたように、余剰資金を必要以上に抱え込んでいるように思われます。しかも、株価が高値圏にあった2014年5月に経営陣の保有株を売り出しました。

⑩棚卸資産と有形固定資産の合計に対する利益率が高い：○

この利益率は、簡易的なROIC（投下資本利益率）といえます。連結貸借対照表（図表2－4）によれば、2014年末の棚卸資産はゼロ、有形固定資産は121百万円です。

当期利益は3344百万円につき、棚卸資産と有形固定資産の合計121百万円に対する利益率は2763.6％という、とんでもない数字を叩き出しています。

●棚卸資産と有形固定資産の合計に対する利益率2763.6％＝当期純利益3344÷（棚卸資産0＋有形固定資産121）

★ミニ解説：ROIC

ROIC（Return on Invested Captial：投下資本利益率）とは、投下資本に対して、どれだけ儲けたかを示すものです。

●ROIC＝当期純利益÷投下資本

投下資本の厳密な定義は決まっていないのですが、事業用資産とみなすのであれば、運転資本と有形固定資産の合計を投下資本とすることもできます。

●投下資本＝運転資本（売上債権＋棚卸資産－仕入債務）＋有形固定資産

そのうえで、運転資本の売上債権が仕入債務と相殺できると考えれば、ROICの計算はもっと簡単になります。

●ROIC＝当期純利益÷（棚卸資産＋有形固定資産）

つまり、バフェットが「投資対象としてのエクセレント・カンパニー」の条件として掲げている「棚卸資産と有形固定資産の合計に対する利益率が高い」とは、ROICが高いことを指しています。ものごとをシンプルに考えるバフェットらしい発想です。

⑪最高の会社とは、自らの資本は最小に抑え、他の会社の成長を利用できる会社である：○

機会があればM＆Aにより業容を拡大したいという、元気印の中堅中小企業の成長を利用できます。成長のための設備投資が不要なため、自らの資本は少なくても済みます。

11項目のうち、○が8個、△が3個でした。以上より、日本M＆Aセンターのエクセレント・カンパニー度は高いといえます。

図表２－３　日本Ｍ＆Ａセンター　エクセレント・カンパニー度

1	資本利益率が高い	○
2	事業が誰にもよく理解できる	○
3	利益はいつでも現金化できる状況にある	○
4	強力な「フランチャイズ」を備えており、プライスリーダーの立場にある	○
5	天才でなくても十分経営可能な事業である	○
6	利益の予測をつけやすい	△
7	政府の規制を受けにくい事業である	○
8	在庫水準が低く、資産の回転率が高い	△
9	経営陣が株主に顔を向けている	△
10	棚卸資産と有形固定資産の合計に対する利益率が高い	○
11	最高の会社とは、自らの資本は最小に抑え、他の会社の成長を利用できる会社である	○

図表２－４　日本Ｍ＆Ａセンター　連結貸借対照表（資産の部）

（単位：千円）

		前連結会計年度（平成２５年３月３１日）	当連結会計年度（平成２６年３月３１日）
	資産の部		
①	流動資産		
	現金及び預金	6,333,034	8,991,320
	売掛金	415,382	314,324
	有価証券	2,001,245	1,801,301
	前払費用	31,345	33,551
	繰延税金資産	105,788	159,682
	その他	11,145	10,414
	流動資産合計	8,897,942	11,310,594
	固定資産		
②	有形固定資産		
	建物	59,779	109,202
	減価償却累計額	△31,067	△42,437
	建物（純額）	28,712	66,765
	その他	125,556	129,038
	減価償却累計額	△57,351	△73,881
	その他（純額）	68,204	55,157
	有形固定資産合計	96,917	121,922
	無形固定資産	21,356	64,917
③	投資その他の資産		
	投資有価証券	1,020,498	951,410
	繰延税金資産	127,992	140,504
	長期預金	100,000	1,100,000
	その他	299,343	287,893
	投資その他の資産合計	1,547,834	2,479,809
	固定資産合計	1,666,108	2,666,649
	資産合計	10,564,050	13,977,243

①流動資産の大半が現金同等物。サービス業のため棚卸資産は不要

②成長のための設備投資がほとんど不要であり、有形固定資産が少ない

③投資その他の資産も投資有価証券や投資不動産などの長期投資が大部分を占める

図表2－4　日本M＆Aセンター　連結貸借対照表（負債及び純資産の部）

（単位：千円）

	前連結会計年度 （平成25年３月31日）	当連結会計年度 （平成26年３月31日）
負債の部		
流動負債		
買掛金	82, 452	100, 393
短期借入金	100, 000	100, 000
未払費用	273, 437	336, 058
未払法人税等	799, 199	1, 580, 055
前受金	210, 270	5, 706
預り金	29, 855	67, 675
賞与引当金	42, 305	47, 997
役員賞与引当金	71, 656	104, 000
その他	209, 620	302, 846
流動負債合計	1, 818, 797	2, 644, 731
固定負債		
退職給付引当金	38, 901	—
退職給付に係る負債	—	52, 979
役員退職慰労引当金	341, 504	375, 821
固定負債合計	380, 405	428, 801
負債合計	2, 199, 202	3, 073, 532
純資産の部		
株主資本		
資本金	1, 075, 487	1, 075, 487
資本剰余金	853, 644	853, 644
利益剰余金	6, 385, 014	8, 931, 003
自己株式	—	△31
株主資本合計	8, 314, 146	10, 860, 104
その他の包括利益累計額		
その他有価証券評価差額金	49, 717	42, 657
その他の包括利益累計額合計	49, 717	42, 657
新株予約権	983	949
純資産合計	8, 364, 848	10, 903, 711
負債純資産合計	10, 564, 050	13, 977, 243

①（流動負債～負債合計）

①有利子負債は短期借入金のみ。金額も少ない

図表２－５　日本M＆Aセンター　連結キャッシュ・フロー計算書

（単位：千円）

	前連結会計年度（自 平成24年4月1日 至 平成25年3月31日）	当連結会計年度（自 平成25年4月1日 至 平成26年3月31日）
営業活動によるキャッシュ・フロー		
税金等調整前当期純利益	3,432,784	5,474,309
減価償却費	40,214	41,682
賞与引当金の増減額（△は減少）	3,773	5,692
役員賞与引当金の増減額（△は減少）	15,156	32,343
退職給付引当金の増減額（△は減少）	13,818	—
退職給付に係る負債の増減額（△は減少）	—	14,078
役員退職慰労引当金の増減額（△は減少）	32,669	34,317
受取利息及び受取配当金	△10,654	△7,795
支払利息	1,060	957
投資有価証券償還損益（△は益）	4,240	—
固定資産除却損	—	320
持分法による投資損益（△は益）	△15,268	△11,435
投資有価証券売却損益（△は益）	—	21,381
売上債権の増減額（△は増加）	161,353	101,057
前払費用の増減額（△は増加）	△2,481	△2,215
仕入債務の増減額（△は減少）	23,131	17,940
未払費用の増減額（△は減少）	61,490	62,621
前受金の増減額（△は減少）	206,915	△204,564
預り金の増減額（△は減少）	1,167	37,819
その他	31,111	86,321
小計	4,000,483	5,704,835
利息及び配当金の受取額	11,461	10,246
利息の支払額	△1,063	△949
法人税等の支払額	△1,303,014	△1,435,572
営業活動によるキャッシュ・フロー	2,707,866	4,278,560
投資活動によるキャッシュ・フロー		
有価証券の増減額（△は増加）	—	200,000
① 有形固定資産の取得による支出	△46,811	△55,479
① 無形固定資産の取得による支出	△6,032	△55,090
投資有価証券の取得による支出	△175,250	△64,000
投資有価証券の売却による収入	100	39,650
投資有価証券の償還による収入	200,000	—
出資金の分配による収入	34,585	113,632
定期預金の預入による支出	△806,242	△1,904,058
定期預金の払戻による収入	1,108,723	703,580
その他	637	876
投資活動によるキャッシュ・フロー	309,710	△1,020,889
財務活動によるキャッシュ・フロー		
自己株式の取得による支出	—	△31
配当金の支払額	△666,480	△799,775
財務活動によるキャッシュ・フロー	△666,480	△799,807
現金及び現金同等物の増減額（△は減少）	2,351,096	2,457,863
現金及び現金同等物の期首残高	3,781,517	6,132,613
現金及び現金同等物の期末残高	6,132,613	8,590,477

①設備投資の真水部分はこの２項目のみ。他はすべて財テク

◆日本M&Aセンターの投資チャンス

日本M&Aセンターは、2006年10月に上場され、2007年には1000円を挟んだ価格帯で取引されていました。2008年3月期のEPSは24・5円なので、株価1000円として、PERは40・8倍です。

バフェット流バリュー投資では、たとえ同社がバフェット型企業であっても、このような高値で投資を行うことはありません。株価が本質的価値に対して割安になるまで、我慢強く待ちます。

投資チャンスが訪れたのは、2008年9月のリーマンショックにより、世界中の株式市場が落ち込んだ2009年から2010年にかけてです。

2009年3月には、株式市場全体の下落に巻き込まれ、株価は308円の安値を付けました。2009年3月期のEPSは23・1円なので、PER13・3倍まで売り込まれたことになります。

その後、株価はいったん回復したものの、2010年3月期の大幅な減収減益決算が嫌気される形で下落し、ギリシャショックの発生した2010年8月に371円まで値下がりします。2011年3月期のEPSは30・1円なので、PERは12・3倍でした。普段は高値で取引されている同社株が、PERの目安である15倍を下回ったのですから、絶好の投資チャンスです。

このような状況で投資を行うことができれば、一財産築くことができます。2014年11月現在、同社株は2009年の安値308円の10倍以上に値上がりしています。

図表２－６　日本Ｍ＆Ａセンター　株価チャート
（２００６年１０月～　２０１４年１２月）

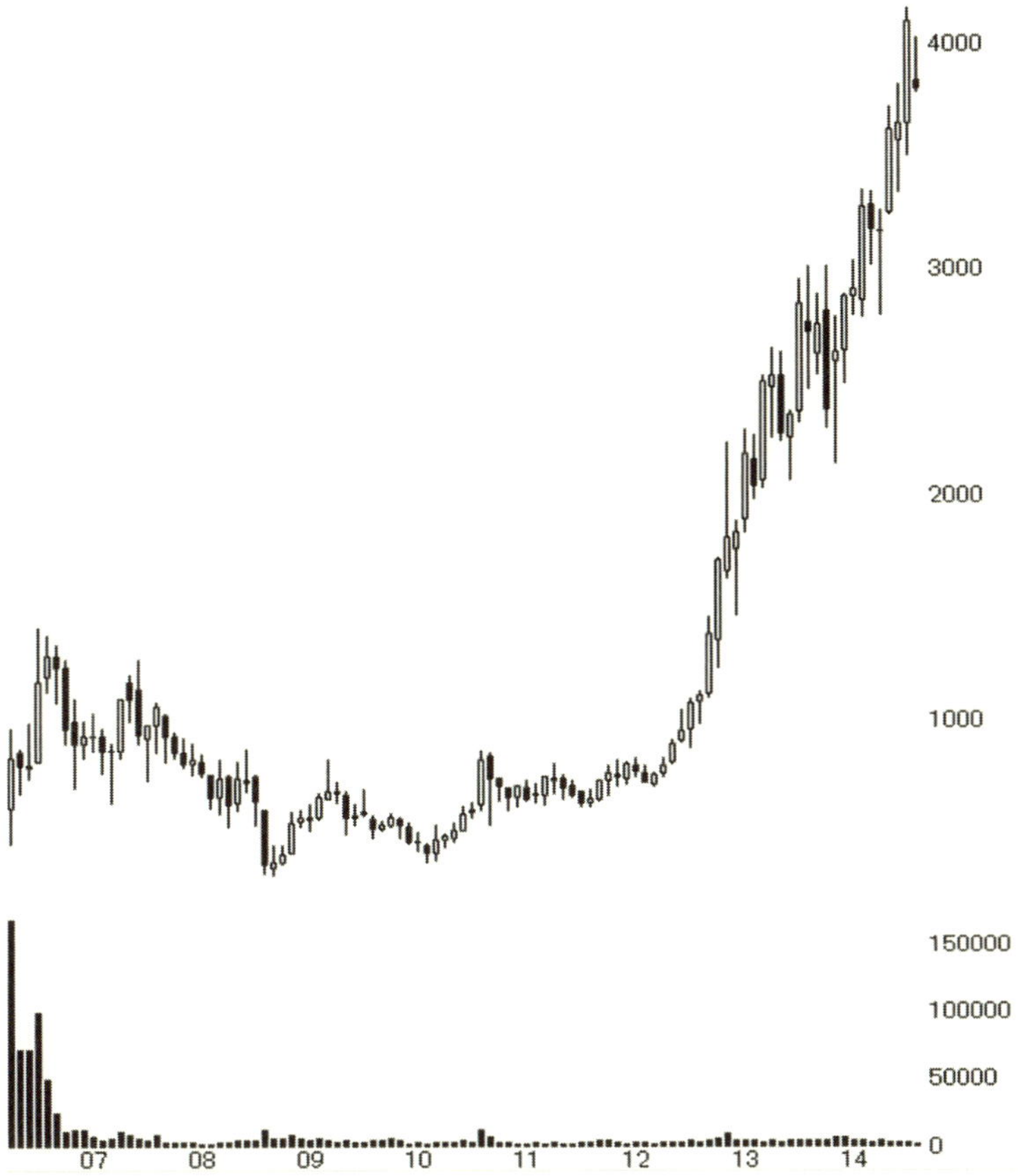

【日本M&Aセンターの投資チャンス】

●2009年3月：株式市場全体が大きく落ち込んだとき
●2010年8月：悪材料や一時的な業績悪化により株価が売り込まれたとき

4

消費者独占ビジネス　カルビー

続いて、消費者独占ビジネスのケーススタディとして、カルビーを取り上げます。

◆スナック菓子業界のガリバー企業

カルビー（２２２９）は、スナック菓子業界のガリバー企業です。ポテトチップス、じゃがりこ、かっぱえびせんなどの人気商品で知られており、高いブランド力と圧倒的な市場シェアを持つ消費者独占企業の代表格です。

そんな同社も、業績の低迷していた時期がありました。状況が劇的に変わったのは、ジョンソン・エンド・ジョンソン日本法人で社長を務めていた松本晃（まつもと・あきら）氏が会長兼ＣＥＯに就任した２００９年以降です。

図表２－７　カルビー　業績推移

決算期	売上高	営業利益	経常利益	純利益	EPS	配当	BPS	ROE
2009.3	137,377	4,408	4,465	2,523	24.6	5	502.2	4.9
2010.3	146,452	9,533	9,539	4,017	36.0	6	529.4	6.8
2011.3	155,529	10,717	10,570	4,253	36.6	7	550.1	6.7
2012.3	163,268	12,247	12,486	7,096	55.1	10.5	596.7	9.2
2013.3	179,411	15,790	17,127	9,440	72.2	15.5	664.6	10.9
2014.3	199,941	19,717	20,782	12,086	91.5	22	729.9	12.5
2015.3	213,000	22,500	22,500	13,300	99.8	26		

注：2015年3月期は会社予想

決算期	営業CF	投資CF	財務CF	現金同等物
2010.3	19,491	-11,377	-6,954	4,469
2011.3	16,664	-620	-2,124	18,238
2012.3	7,049	-5,347	-411	19,448
2013.3	17,328	-12,999	607	25,331
2014.3	23,478	-17,041	-383	31,592

松本CEOは、原価低減と値下げにより、シェア（販売数量）を高め、工場の稼働率を上げました。その結果、かつて1％台だった売上高営業利益率が10％目前に迫っています。

◆ポテトチップス市場をほぼ独占する強力なフランチャイズ

カルビーのフランチャイズは、次の3つです。

●高いブランド力
●圧倒的な市場シェア
●仕入ルートの確立

ひとつ目は、高いブランド力です。スナック菓子のような消費者向け商品には、高いブランド力が必要です。ブランド力がなければ、スーパーやコンビニで売場を確保できないですし、消費者もなじみのない商品は買いません。

カルビーがポテトチップス市場において、高いブランド力を誇っていることは、皆さんもご存じでしょう。

もし、他社がポテトチップスに新規参入する場合、カルビーと同等のブランド力をつけるためには、大量のＴＶコマーシャル投入や各種キャンペーンの実施など、莫大な販促費がかかるはずです。
これは、極めて高い参入障壁といえます。

２つ目は、圧倒的な市場シェアです。２０１４年9月現在、カルビーの市場シェアは、ポテトチップスが６７・８％、スナック菓子市場全体では５３・３％です。ポテトチップスに関しては、ほぼ独占といっても過言ではない数字です。

市場を牛耳ることで、カルビーは価格決定権を握ることができます。また、圧倒的な生産量により経費を削減できるという「規模の経済」が働き、コスト面でも優位に立てます。

このようなマーケットに他社が新規参入すれば、かなり不利な戦いを強いられるはずです。

３つ目は、仕入ルートの確立です。生のジャガイモには輸入規制があり、海外からの調達は困難とされています。そういったこともあり、日本で収穫されるジャガイモの約１割をカルビーが使用しています。

カルビーは、北海道を中心に約２０００軒の農家と契約し、技術指導員の派遣や優良生産者へのインセンティブ支払いなど、生産者との関係を強化することにより、独自の仕入ルートを確立しています。

ＴＰＰ（Trans-Pacific Strategic Economic Partnership Agreement：環太平洋戦略的経済連携協定）の進展次第では、この辺りの状況も変わってくるかもしれませんが、現状でポテトチップス市場に新規参入するには、カルビーに対抗できる仕入先を開拓し、国産のジャガイモを調達する必要があります。

仕入ルートの開拓も、容易ではなさそうです。

以上のように、同社の高いブランド力により消費者の舌を押さえ、圧倒的な市場シェアによりスーパーやコンビニの売り場と、仕入ルートの確立によりジャガイモを生産している農家を押さえています。他社がこの牙城を切り崩すには、相当な困難を伴うことから、同社はバフェット型企業といえます。

◆カルビーのエクセレント・カンパニー度

続いて、カルビーのエクセレント・カンパニー度をチェックしましょう。

①資本利益率が高い：△

2014年3月期のROEは12.5%。年々、改善していますが、まだ十分ではありません(図表2-7)。

●ROE12.5%=EPS91.5÷BPS729.9

②事業が誰にもよく理解できる：○

ポテトチップスなどのスナック菓子製造という、分かりやすいビジネスです。

③利益はいつでも現金化できる状況にある：○

２０１４年３月期の当期純利益１２０８６百万円に対して、営業ＣＦ２３４７８百万円となっており、帳簿上の利益より現金収入が多いという好ましい状況です（図表２－７）。

ただ、営業ＣＦと投資ＣＦを合わせたＦＣＦは６４３７百万円であり、一見、少ないように思われます。

●ＦＣＦ6437＝営業ＣＦ23478＋投資ＣＦ▲17041

ところが、連結キャッシュ・フロー計算書（図表２－１１）の投資ＣＦを詳細に分析すれば、投資有価証券の取得による支出▲１１９９５百万円、定期預金の預入による支出▲６１２３百万円といった財テクが多分に含まれています。

同社のようなケースでは、営業ＣＦより設備投資のみを差し引いたＦＣＦを再計算する必要があります。その結果、ＦＣＦは１７３５１百万円となり、利益はいつでも現金化できる状況にあるといえます。

●ＦＣＦ17351＝営業ＣＦ23478＋有形固定資産の取得による支出▲6024＋有形固定資産の売却による収入265＋無形固定資産の取得による支出▲368

④強力な「フランチャイズ」を備えており、プライスリーダーの立場にある：○

まさに、そのとおりです。ポテトチップスで67・8％、スナック菓子全体では53・3％という圧倒的な市場シェア（2014年9月）により、プライスリーダーの立場にあります。

⑤天才でなくても十分経営可能な事業である：×

カルビーの営業利益率は、かつて1％台でした。それを儲かる会社に変えたのは、2009年に就任した松本CEOです。天才肌ともいえる松本CEOでなければ、ここまで飛躍できませんでした。

⑥利益の予測をつけやすい：○

スナック菓子は、景気の影響をほとんど受けない商品につき、利益の予測をつけやすいです。

⑦政府の規制を受けにくい事業である：△

販売に関する規制は、特にありません。一方で、仕入に関しては、生のジャガイモには輸入規制が存在します。現時点において、同社はこの規制を有効的に活用していますが、TPPの進展次第では状況が変わってくるかもしれません。

⑧在庫水準が低く、資産の回転率が高い：◯

スナック菓子は、すぐに売れます。現に、連結貸借対照表（図表2－10）の棚卸資産6522百万円から計算した棚卸資産回転月数（72〜73ページのコラム参照）は0・4カ月であり、1カ月強が平均とされる食料品メーカーの中でも、在庫水準の低い部類に入ります。

そのうえ、総資産回転率1・4回も、目安とされる1回を上回っています。研究開発や生産設備への投資が必要な製造業にしては優れているといえます。

●棚卸資産回転月数0・4＝棚卸資産6522×12÷売上高199941

●総資産回転率1・4＝売上高199941÷総資産140966

⑨経営陣が株主に顔を向けている：△

毎年、増配している点は評価できます。しかし、EPS91・5円に対する配当は22円であり、配当性向は24％（2014年3月期）とそんなに高くありません。より積極的な株主還元が望まれます。

⑩棚卸資産と有形固定資産の合計に対する利益率が高い：◯

連結貸借対照表（図表2－10）には、棚卸資産6522百万円、有形固定資産50166百万円が計上されています。以上より、棚卸資産と有形固定資産の合計に対する利益率は21・3％です。

在庫や製造設備を有する製造業であることを考慮しても、まずまず高いといえます。

●棚卸資産と有形固定資産の合計に対する利益率21・3％＝当期純利益12086÷（棚卸資産6522＋有形固定資産50166）

⑪最高の会社とは、自らの資本は最小に抑え、他の会社の成長を利用できる会社である：×

消費者向けビジネスのため、両方とも該当しません。

11項目のうち、○が6個、△が3個、×が2個でした。カルビーが資本効率で不利な製造業に属し、経営改善中であることを考慮すれば、エクセレント・カンパニー度としては、まずまずでしょうか。

★ミニ解説：棚卸資産回転月数

棚卸資産回転月数は、在庫がどのぐらいの期間で売れるかを測る指標です。

●棚卸資産回転月数 ＝ 棚卸資産 × １２ ÷ 売上高

棚卸資産回転月数は、低いに越したことがありません。ただ、目安とされる数値は業種によって異なります。

一般論として、在庫をほとんど必要としないサービス業や商品の回転が速い卸売業・小売業は低く、売れない薬でも置いておく必要のある医薬品や開発に時間のかかる不動産業は高くなる傾向にあります。

医薬品や不動産業を除いては、棚卸資産回転月数が4カ月を超えれば危険水準です。また、前年・前々年に対して急上昇している場合も要注意です。

図表２－８　業種ごとの棚卸資産回転月数平均値

業種	棚卸資産回転月数	業種	棚卸資産回転月数
水産・農林業	2.0	電気機器	2.7
鉱業	1.1	輸送用機器	1.6
建設業	2.3	精密機器	3.5
食料品	1.3	その他製品	2.5
繊維製品	2.9	電気・ガス業	0.4
パルプ・紙	1.5	陸運業	1.3
化学	2.4	海運業	0.3
医薬品	5.6	空運業	1.0
石油・石炭製品	1.3	倉庫・運輸関連業	0.2
ゴム製品	2.2	情報・通信業	1.4
ガラス・土石製品	2.9	卸売業	1.3
鉄鋼	2.5	小売業	1.8
非鉄金属	2.2	不動産業	7.9
金属製品	2.2	サービス業	1.8
機械	3.1		

出典：『早川圭の株「バリュー投資」常勝セオリー』

図表2－9　カルビー　エクセレント・カンパニー度

1	資本利益率が高い	△
2	事業が誰にもよく理解できる	○
3	利益はいつでも現金化できる状況にある	○
4	強力な「フランチャイズ」を備えており、プライスリーダーの立場にある	○
5	天才でなくても十分経営可能な事業である	×
6	利益の予測をつけやすい	○
7	政府の規制を受けにくい事業である	△
8	在庫水準が低く、資産の回転率が高い	○
9	経営陣が株主に顔を向けている	△
10	棚卸資産と有形固定資産の合計に対する利益率が高い	○
11	最高の会社とは、自らの資本は最小に抑え、他の会社の成長を利用できる会社である	×

図表２－１０　カルビー　連結貸借対照表（資産の部）

（単位：百万円）

	前連結会計年度 （平成２５年３月３１日）	当連結会計年度 （平成２６年３月３１日）
資産の部		
流動資産		
現金及び預金	17,342	18,783
受取手形及び売掛金	19,787	17,392
有価証券	13,999	29,997
① たな卸資産	5,661	6,522
繰延税金資産	2,790	2,828
その他	3,192	3,312
貸倒引当金	△3	△3
流動資産合計	62,770	78,834
固定資産		
有形固定資産		
建物及び構築物	54,008	55,877
減価償却累計額	△33,373	△34,907
建物及び構築物（純額）	20,634	20,970
機械装置及び運搬具	75,295	78,418
減価償却累計額	△60,966	△62,018
機械装置及び運搬具（純額）	14,329	16,400
土地	10,790	10,773
リース資産	502	329
減価償却累計額	△303	△221
リース資産（純額）	199	108
建物仮勘定	2,701	1,009
その他	3,786	4,095
減価償却累計額	△2,989	△3,191
その他（純額）	797	903
有形固定資産合計	49,453	50,166
無形固定資産		
のれん	3,954	3,347
その他	1,343	1,265
無形固定資産合計	5,297	4,613
投資その他の資産		
投資有価証券	1,359	1,526
長期貸付金	294	229
繰延税金資産	538	1,453
前払年金費用	2,291	－
退職給付に係る資産	－	1,891
その他	2,891	2,344
貸倒引当金	△103	△92
投資その他の資産合計	7,270	7,353
固定資産合計	62,022	62,132
資産合計	124,793	140,966

①たな卸資産が少なく、在庫水準は低いといえる

図表2－10　カルビー　連結貸借対照表（負債及び純資産の部）

（単位：百万円）

	前連結会計年度 （平成２５年３月３１日）	当連結会計年度 （平成２６年３月３１日）
負債の部		
流動負債		
支払手形及び買掛金	6, 671	7, 897
① リース債務	112	63
未払金	3, 891	3, 739
未払法人税等	5, 031	5, 324
繰延税金負債	95	126
賞与引当金	3, 644	3, 573
役員賞与引当金	192	217
株式給付引当金	－	13
その他	6, 827	7, 717
流動負債合計	26, 468	28, 673
固定負債		
① 長期借入金	7	－
リース債務	145	83
繰延税金負債	269	292
退職給付引当金	3, 973	－
役員退職慰労引当金	527	591
退職給付に係る負債	－	6, 134
資産除去債務	631	639
その他	85	85
固定負債合計	5, 639	7, 827
負債合計	32, 107	36, 500
純資産の部		
株主資本		
資本金	11, 586	11, 946
資本剰余金	11, 154	11, 514
利益剰余金	64, 215	74, 259
自己株式	－	△262
株主資本合計	86, 956	97, 458
その他の包括利益累計額		
その他有価証券評価差額金	98	210
為替換算調整勘定	500	973
退職給付に係る調整累計額	－	△1, 266
その他の包括利益累計額合計	598	△82
新株予約権	50	34
少数株主持分	5, 079	7, 055
純資産合計	92, 685	104, 466
負債純資産合計	124, 793	140, 966

①長期借入金を返済したため、有利子負債は少額のリース債務が残るのみとなった

図表２－１１　カルビー　連結キャッシュ・フロー計算書（その１）

（単位：百万円）

	前連結会計年度 （自　平成２４年４月１日 至　平成２５年３月３１日）	当連結会計年度 （自　平成２５年４月１日 至　平成２６年３月３１日）
営業活動によるキャッシュ・フロー		
税金等調整前当期純利益	15, 979	20, 536
減価償却費	6, 318	5, 960
減損損失	313	185
のれん償却額	620	637
貸倒引当金の増減額（△は減少）	11	△10
賞与引当金の増減額（△は減少）	351	△73
役員賞与引当金の増減額（△は減少）	△18	25
株式給付引当金の増減額（△は減少）	—	13
退職給付引当金の増減額（△は減少）	346	—
退職給付に係る負債の増減額（△は減少）	—	517
前払年金費用の増減額（△は増加）	129	—
退職給付に係る資産の増減額（△は増加）	—	65
役員退職慰労引当金の増減額（△は減少）	29	64
受取利息及び受取配当金	△95	△96
支払利息	2	5
為替差損益（△は益）	△1, 153	△254
投資有価証券売却損益（△は益）	△4	△375
投資有価証券評価損益（△は益）	18	14
固定資産売却損益（△は益）	△65	△39
固定資産除却損	191	138
災害損失	△57	—
売上債権の増減額（△は増加）	△728	2, 606
たな卸資産の増減額（△は増加）	△629	△775
仕入債務の増減額（△は減少）	△56	1, 134
未収入金の増減額（△は増加）	△195	69
未払金の増減額（△は減少）	494	△54
未払消費税等の増減額（△は減少）	174	△24
その他	1, 367	1, 491
小計	23, 344	31, 763
利息及び配当金の受取額	129	82
利息の支払額	2	△14
法人税等の支払額	△6, 148	△8, 352
営業活動によるキャッシュ・フロー	17, 328	23, 478

図表2－11　カルビー　連結キャッシュ・フロー計算書(その2)

(単位: 百万円)

		前連結会計年度 (自 平成24年4月1日 至 平成25年3月31日)	当連結会計年度 (自 平成25年4月1日 至 平成26年3月31日)
	投資活動によるキャッシュ・フロー		
①	有形固定資産の取得による支出	△6,945	△6,024
①	有形固定資産の売却による収入	275	265
①	無形固定資産の取得による支出	△353	△368
	有価証券の取得による支出	△3,000	△11,996
	有価証券の償還による収入	—	3,000
	投資有価証券の取得による支出	△23	△17
	投資有価証券の売却による収入	43	381
	投資有価証券の償還による収入	13	—
	貸付けによる支出	△196	△2
	貸付金の回収による収入	82	45
	定期預金の預入による支出	△6,020	△6,123
	定期預金の払戻による収入	3,010	3,862
	差入保証金の差入による支出	△93	△285
	差入保証金の回収による収入	204	247
	その他	2	△26
	投資活動によるキャッシュ・フロー	△12,999	△17,041
	財務活動によるキャッシュ・フロー		
	長期借入金の返済による支出	△0	△7
	自己株式の取得による支出	—	△262
	ストックオプションの行使による収入	634	703
	リース債務の返済による支出	△117	△105
	配当金の支払額	△1,366	△2,042
	少数株主からの払込みによる収入	1,614	1,603
	少数株主への配当金の支払額	△156	△272
	財務活動によるキャッシュ・フロー	607	△383
	現金及び現金同等物に係る換算差額	946	206
	現金及び現金同等物の増減額（△は減少）	5,883	6,260
	現金及び現金同等物の期首残高	19,448	25,331
	現金及び現金同等物の期末残高	25,331	31,592

①設備投資の真水部分はこの3項目のみ。それ以外は財テクが大半を占めている

◆カルビーの投資チャンス

カルビーが上場したのは、東日本大震災の起こった２０１１年3月１１日でした。そのため、上場直後は株価が伸び悩み、3月１５日には５００円の安値をつけます。２０１１年3月期のＥＰＳは３６・６円、それに対するＰＥＲは１３・7倍でした。

東日本大震災直後、株式市場が大混乱に陥る中で、勇気を振り絞って同社株に投資できれば、２０１４年１１月には7倍以上のリターンを達成することができたのです。

世間が復興ムードに転じてからは、堅調な値動きが続いたため、しばらく買い場はありませんでした。再び投資チャンスが訪れたのは、２０１２年１２月です。いくつかの悪材料が重なり、同社株は１２月１９日に１４７０円の安値をつけました。

●ポテトチップスへのガラス片混入による自主回収のニュースが嫌がられたこと
●英社の製菓事業買収についてのウワサが流れ、同社も否定しなかったこと
●衆議院の解散後、証券株、不動産株などが買われる金融相場となり、一時的に物色の圏外に置かれたこと

図表２－１２　カルビー　株価チャート（２０１１年３月～２０１５年２月）

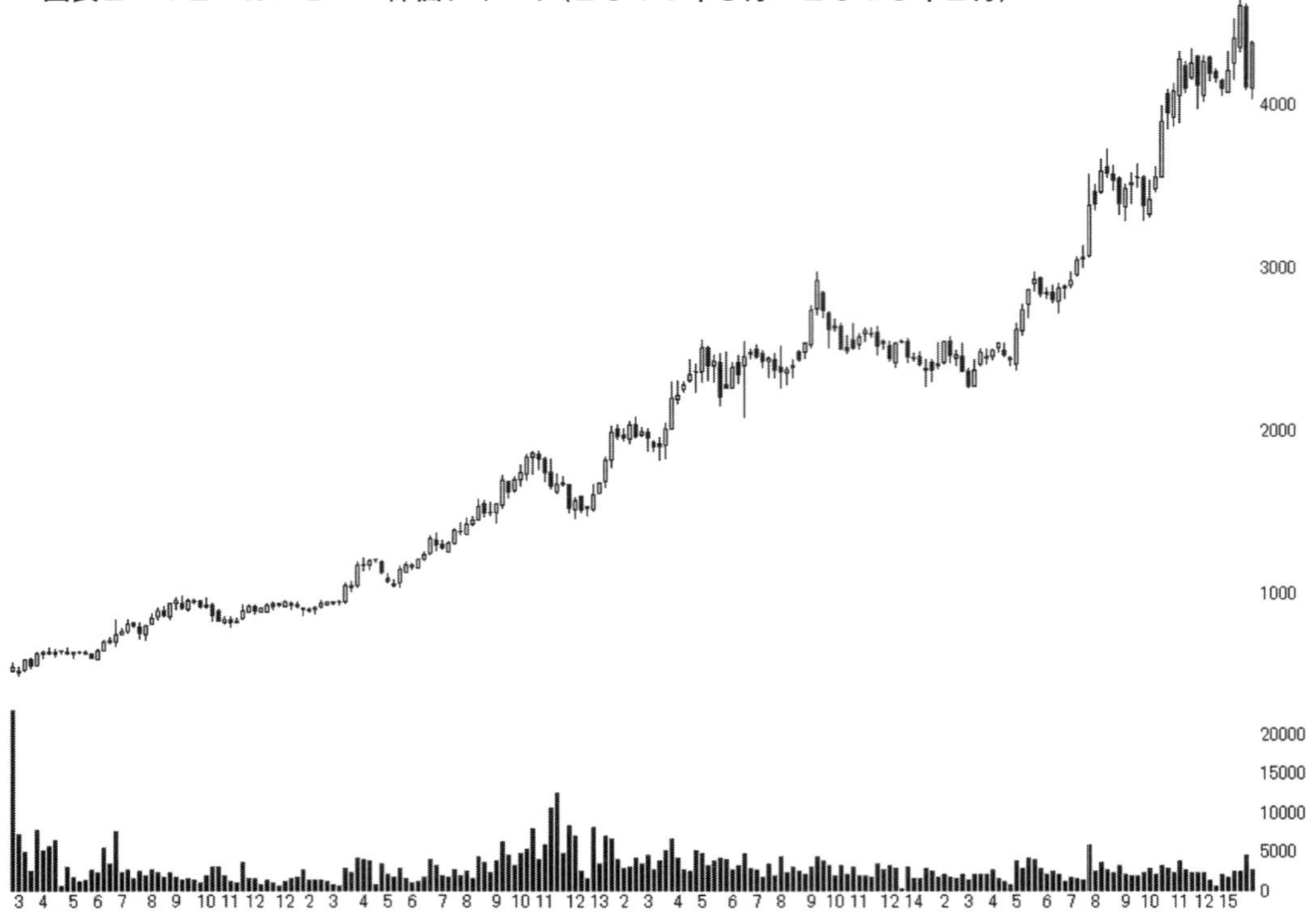

2013年3月期のEPSは72・2円、それに対するPERは20・4倍であり、十分に割安とはいえませんが、この時点で投資しても2倍以上に値上がりしています。

同社株のような、強力なブランド力ゆえに株価にプレミアムがついており、通常であれば手を出しづらい銘柄は、じっくりと次の悪材料による安値を待ちたいものです。

【カルビーの投資チャンス】

●2011年3月　：株式市場全体が大きく落ち込んだとき
●2012年12月：悪材料や一時的な業績悪化により株価が売り込まれたとき

5
フロート（滞留資金）型ビジネス　全国保証

最後に、フロート（滞留資金）型ビジネスのケーススタディとして、全国保証を取り上げます。

◆住宅ローンの保証会社

住宅ローンを借りる場合、連帯保証人が必要となる場合がほとんどです。しかしながら、高額で返済期間も長いローンの保証人になってくれる人は、なかなかいません。そういったとき、保証料を支払うことにより、連帯保証人になってくれる「縁の下の力持ち」が保証会社です。

全国保証（７１６４）は住宅ローンの信用保証を手がけており、独立系では最大規模です。皆さんの中にも、家を買った際、お世話になった人がいるかもしれませんね。

図表２－１３　全国保証　業績推移

決算期	営業収益	営業利益	経常利益	純利益	EPS	配当	BPS	ROE
2008.3	17,927	9,173	8,446	2,384	50.5	0.4	238.4	21.2
2009.3	19,921	6,455	7,463	2,516	53.3	0.4	295.0	18.1
2010.3	21,106	4,715	4,906	2,869	52.4	4	334.4	15.7
2011.3	21,771	5,206	4,554	2,881	49.3	4	374.8	13.1
2012.3	21,159	4,761	5,014	2,037	34.8	4	411.9	8.5
2013.3	25,030	10,733	11,361	6,807	120.5	21.5	571.3	21.1
2014.3	27,039	13,773	15,509	9,381	136.2	30	686.8	19.8
2015.3	28,300	20,500	21,800	13,900	202.1	44		

注：2015年3月期は会社予想

決算期	営業CF	投資CF	財務CF	現金同等物
2011.3	14,537	-7,832	-234	14,618
2012.3	12,881	-17,806	-234	9,459
2013.3	18,108	-21,804	7,771	13,535
2014.3	22,849	-10,264	-1,479	24,641

◆全国規模のネットワークというフランチャイズ

同社のフランチャイズは、独立系で全国展開を行っており、あらゆる金融機関との提携が可能な強みを活かして築き上げた全国規模のネットワークです。

2014年3月末における業態別の提携シェアは次のとおりで、信用金庫や信用組合では90%を超えています。

●銀行・・・・・・73行（提携率68・2%）
●信用金庫・・・251金庫（提携率94・0%）
●信用組合・・・102組合（提携率91・9%）
●JA・・・・・243組合（提携率34・7%）

保証業務には審査ノウハウが欠かせず、金融機関と提携するためには信用力も必要です。また、同業の多くは銀行などの系列会社であり、それらはグループ内での取引にとどまっています。

そのような業界で他社が全国保証と同等の全国ネットワークを構築するのは、困難に近いと思われます。

同社も、バフェット型企業といえるのではないでしょうか。

◆保証料の前受による巨額のフロート（滞留資金）

全国保証のビジネスモデルについて、有価証券報告書より引用します。保証開始時に原則一括で保証料を受領し、代位弁済に備えて運用していることが分かります。

> 当社の信用保証事業は、住宅ローン等を希望する借入希望者（以下、住宅ローン等の借入人を「保証委託者」といいます。）の連帯保証を引き受けることになりますが、保証委託者は、当社が保証基本契約を締結している金融機関等を通して当社に保証委託申し込みを行い、当社においては、保証委託者の属性情報や担保物件の状況などを基に審査判断を行った後、連帯保証を引き受けることになります。
>
> 保証料に関しては、当社保証期間に対応する保証料を保証開始時に原則一括で保証委託者より受領し、保証期間に応じて収益計上しております。一括にて受領した保証料については、今後発生する代位弁済に備えるため、安全性の高い預金、国債などの低リスク商品を中心に保有・運用を行っております。

保証委託者が借入後に返済不能に陥った場合には、当社は金融機関等との保証基本契約に基づき、金融機関あてに代位弁済を履行のうえ、求償債権を取得して保証委託者に代位弁済金額の返還請求を行います。将来発生しうる代位弁済に関しては、代位弁済による損失額を見積もり、保証債務損失引当金を計上しております。

代位弁済後において、当社は取得した求償債権を元に保証委託者から回収を図ることになります。当社は求償債権回収の基本方針として回収機関の短期化と回収金額の最大化を掲げております。殆どの求償債権には不動産担保が設定されているため、保証委託者の実態に応じた物件売却（任意売却・競売）を実施し、迅速かつ最大限の回収に努めております。なお、求償債権に関しては貸倒金額を見積もり、貸倒引当金を計上しております。

ゆえに、同社は巨額のフロート（滞留資金）を保有しています。実際に、貸借対照表を確認してみましょう（図表2－16）。

前受収益と長期前受収益の合計額をフロートと仮定するならば、2014年3月末の残高は128820百万円です。その潤沢な資金を運用しているため、現金同等物は179260百万円に達

図表２－１４　全国保証　長期前受収益の推移

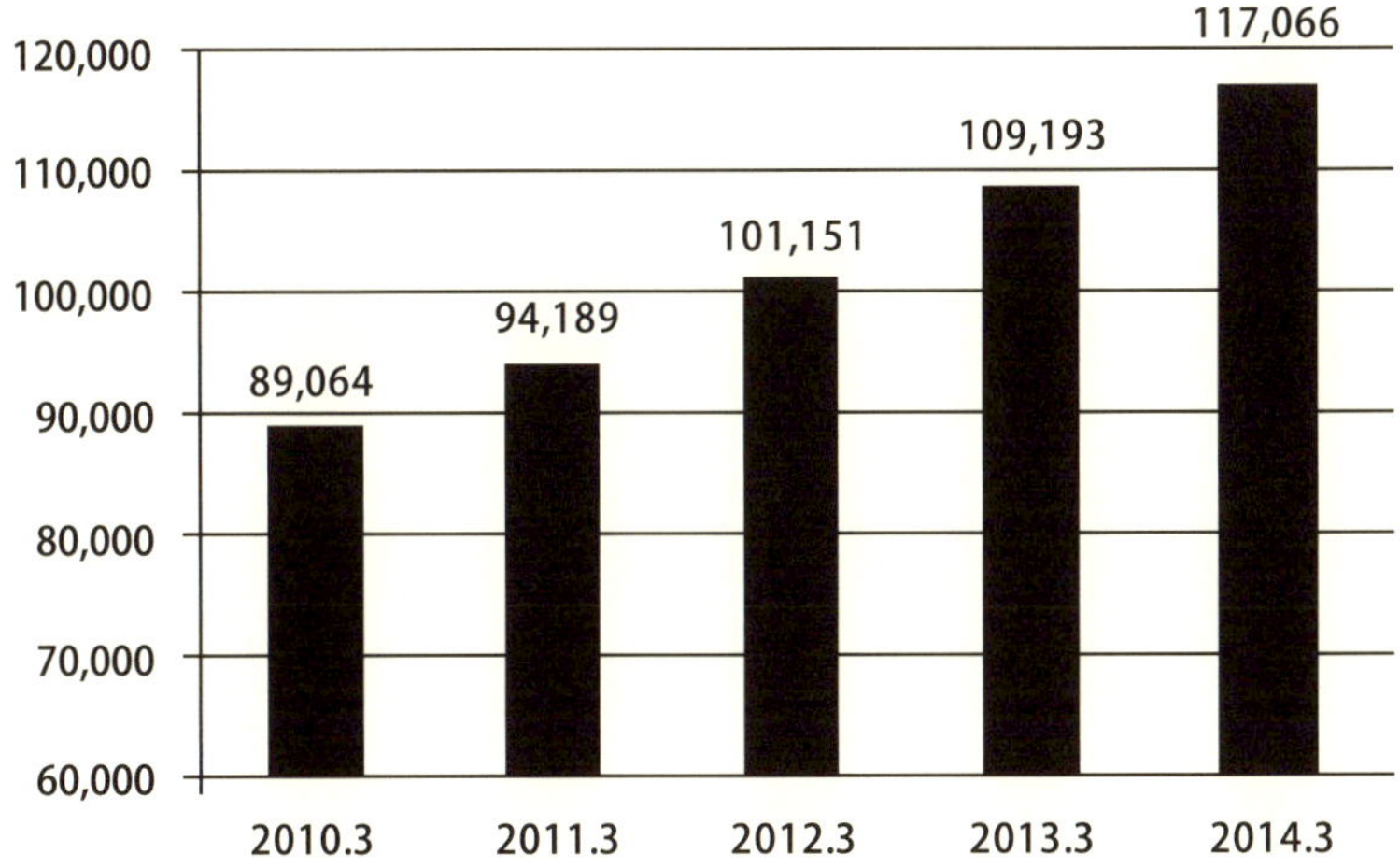

（単位：百万円）

しています。バフェットが泣いて喜びそうな銘柄です。

●現金同等物：179260＝現預金114670＋有価証券10958＋投資有価証券46789＋投資不動産43＋長期預金6800

●フロート：128820＝前受収益11754＋長期前受収益117066

さらにディスクロージャー誌より、長期前受収益の推移を確認してみると、右肩上がりで増えていました（図表2－14）。将来の収益源である長期前受収益の増加は、同社にとって好ましい状況です。

◆全国保証のエクセレント・カンパニー度

続いて、全国保証のエクセレント・カンパニー度をチェックしましょう。

①資本利益率が高い：○

2014年3月期のROEは19・8％です。

●ROE19・8％＝EPS136・2÷BPS686・8

②事業が誰にもよく理解できる：○

住宅ローンの仕組みを理解できれば、難しくありません。やっていることは、保険会社とほぼ同じです。

③利益はいつでも現金化できる状況にある：○

２０１４年３月期の当期純利益９３８１百万円に対して、営業ＣＦ２２８４９百万円となっており、帳簿上の利益より現金収入が多いという好ましい状況です（図表２－１３）。

営業ＣＦと投資ＣＦの合計であるＦＣＦは１２５８５百万円であり、一見、本業での現金収入の半分近くが設備投資に使われているように思えます。

●ＦＣＦ12585 ＝ 営業ＣＦ22849 ＋ 投資ＣＦ▲10264

ところが、キャッシュ・フロー計算書（図表２－１７）の投資ＣＦを詳細に分析すれば、設備投資に振り向けられているキャッシュはわずかであり、そのほとんどが資金運用に関するものです。

同社のようなケースでは、営業ＣＦより設備投資のみを差し引いたＦＣＦを再計算します。その結果、ＦＣＦは２２４５２百万円となり、利益はいつでも現金化できる状況にあるといえます。

●ＦＣＦ22452 ＝ 営業ＣＦ22849 ＋ 有形固定資産の取得による支出▲116 ＋ 有形固定資産の売却による収入4 ＋ 無形固定資産の取得による支出▲285

④強力な「フランチャイズ」を備えており、プライスリーダーの立場にある：◯

地銀、信金などと全国規模のネットワークを築き上げており、業界唯一の上場企業であることから、プライスリーダーの立場にあると思われます。

⑤天才でなくても十分経営可能な事業である：◯

現経営者の石川英治（いしかわ・えいじ）氏は、2006年、前経営陣が所得隠しにより辞任した際、社長に就任しました。そういった経緯から、天才でなくても十分経営可能な事業であると思われます。

⑥利益の予測をつけやすい：△

長期前受収益が増え続ける限り、中長期的に成長は続くと考えられます。ただし、短期的には新設住宅着工戸数や金利情勢、金融機関の融資姿勢、住宅ローンの不良債権比率などに左右されます。

⑦政府の規制を受けにくい事業である：×

金融業は何かと政府の規制を受けます。

⑧在庫水準が低く、資産の回転率が高い：△

業種柄、在庫は不要です。現に、貸借対照表（図表2－16）にも棚卸資産（在庫）は計上されていません。

一方、資産の回転率を示す総資産回転率は０・１４回です。目安とされる1回を大幅に下回っており、かなり低い数字です。

同社は「保証期間に対応する保証料を保証開始時に原則一括で保証委託者より受領し、保証期間に応じて収益計上する」というビジネスモデルを採用していることから、どうしても総資産が増えてしまいます。

●総資産回転率0・14 ＝ 売上高27039 ÷ 総資産195834

⑨経営陣が株主に顔を向けている：△

ＥＰＳ１３６・２円に対する配当は３０円で、配当性向は２２％です（２０１４年3月期）。成長のための設備投資がほぼ不要なわけですから、もっと高くてもいいはずです。

⑩棚卸資産と有形固定資産の合計に対する利益率が高い：◯

貸借対照表によれば、２０１４年末の棚卸資産はゼロ、有形固定資産は１８６百万円です。

当期利益は９３８１百万円なので、棚卸資産と有形固定資産の合計１８６百万円に対する利益率は５０４３・５％という、とんでもない数字を叩き出しています。

●棚卸資産と有形固定資産の合計に対する利益率5043・5％＝当期純利益9381÷（棚卸資産0＋有形固定資産186）

⑪最高の会社とは、自らの資本は最小に抑え、他の会社の成長を利用できる会社である：○

提携先金融機関が住宅ローンを増やせば増やすほど、同社も儲かる仕組みになっています。つまり、提携先金融機関の成長を利用できるといえます。保証料の前受による巨額のフロート（滞留資金）のおかげで、自らの資本はほとんどいりません。

11項目のうち、○が7個、△が3個、×が1個でした。全国保証のエクセレント・カンパニー度は高いと考えていいでしょう。

図表２－１５　全国保証　エクセレント・カンパニー度

1	資本利益率が高い	○
2	事業が誰にもよく理解できる	○
3	利益はいつでも現金化できる状況にある	○
4	強力な「フランチャイズ」を備えており、 プライスリーダーの立場にある	○
5	天才でなくても十分経営可能な事業である	○
6	利益の予測をつけやすい	△
7	政府の規制を受けにくい事業である	×
8	在庫水準が低く、資産の回転率が高い	△
9	経営陣が株主に顔を向けている	△
10	棚卸資産と有形固定資産の合計に 対する利益率が高い	○
11	最高の会社とは、自らの資本は最小に抑え、 他の会社の成長を利用できる会社である	○

図表２－１６　全国保証　貸借対照表（資産の部）

（単位：百万円）

	前事業年度（平成25年3月31日）	当事業年度（平成26年3月31日）
資産の部		
流動資産		
現金及び預金	103,385	114,670
求償債権	19,478	15,081
有価証券	7,094	10,958
未収入金	429	413
前払費用	33	35
繰延税金資産	5,729	6,347
その他	349	287
貸倒引当金	△11,236	△9,143
流動資産合計	125,264	138,651
固定資産		
有形固定資産		
建物	161	163
減価償却累計額	△110	△111
建物（純額）	50	51
車両運搬具	43	46
減価償却累計額	△30	△14
車両運搬具（純額）	12	31
工具、器具及び備品	356	312
減価償却累計額	△299	△214
工具、器具及び備品（純額）	57	98
土地	4	4
有形固定資産合計	124	186
無形固定資産		
ソフトウェア	425	495
ソフトウェア仮勘定	116	39
その他	3	3
無形固定資産合計	545	538
投資その他の資産		
投資有価証券	42,873	46,789
関係会社株式	9	9
投資不動産	29	43
長期預金	4,500	6,800
長期前払費用	27	66
繰延税金資産	2,470	2,184
その他	579	574
貸倒引当金	△9	△9
投資その他の資産合計	50,479	56,458
固定資産合計	51,149	57,182
資産合計	176,414	195,834

（表中の括弧①：流動資産の項目、②：有形固定資産の項目、③：投資その他の資産の項目）

①流動資産の大半が現金同等物。サービス業のため棚卸資産は不要

②成長のための設備投資がほとんど不要であり、有形固定資産が少ない

③投資その他の資産も投資有価証券や投資不動産などの長期投資が大部分を占める

図表２－１６　全国保証　貸借対照表（負債及び純資産の部）

（単位：百万円）

	前事業年度 （平成２５年３月３１日）	当事業年度 （平成２６年３月３１日）
負債の部		
流動負債		
① 前受収益	10,952	11,754
預り金	39	19
未払金	532	528
未払法人税等	4,097	3,951
賞与引当金	155	167
債務保証損失引当金	8,758	11,857
デリバティブ債務	418	116
その他	2	6
流動負債合計	24,955	28,400
固定負債		
① 長期前受収益	109,193	117,066
長期未払金	2,772	2,974
退職給付引当金	151	103
その他	0	0
固定負債合計	112,118	120,145
負債合計	137,074	148,545
純資産の部		
株主資本		
資本金	10,681	10,681
資本剰余金		
資本準備金	615	615
資本剰余金合計	615	615
利益剰余金		
利益準備金	32	2,055
その他利益剰余金		
債務保証積立金	20,000	23,300
別途積立金	1.500	1,500
繰越利益剰余金	6,863	9,441
利益剰余金合計	28,395	36,296
自己株式	―	△0
株主資本合計	39,692	47,592
評価・換算差額等		
その他有価証券評価差額金	△352	△304
評価・換算差額等合計	△352	△304
純資産合計	39,339	47,288
負債純資産合計	176,414	195,834

①負債の大半は前受収益と長期前受収益

図表2－17　全国保証　キャッシュ・フロー計算書（その1）

（単位：百万円）

	前事業年度 （自 平成24年4月1日 至 平成25年3月31日）	当事業年度 （自 平成25年4月1日 至 平成26年3月31日）
営業活動によるキャッシュ・フロー		
税引前当期純利益	11,519	15,527
減価償却費	281	325
貸倒引当金の増減額（△は減少）	△784	△2,093
賞与引当金の増減額（△は減少）	11	12
債務保証損失引当金の増減額（△は減少）	△687	3,098
退職給付引当金の増減額（△は減少）	△47	△48
受取利息及び受取配当金	△934	△1,000
投資事業組合運用損益（△は益）	315	△373
不動産賃貸料	△6	△2
不動産賃貸費用	4	1
デリバティブ評価損益（△は益）	△80	△301
株式交付費	75	－
固定資産売却損益（△は益）	24	△3
固定資産除却損	3	5
投資有価証券売却損益（△は益）	△82	△20
投資有価証券評価損益（△は益）	－	0
損害賠償金収入	△103	－
求償債権の増減額（△は増加）	647	4,397
前受収益の増減額（△は減少）	838	801
長期前受収益の増減額（△は減少）	8,041	7,873
長期未払金の増減額（△は減少）	186	201
その他資産・負債の増減額	54	9
小計	19,278	28,412
利息及び配当金の受取額	1,015	1,084
損害賠償金の受取額	76	－
法人税等の支払額	△2,261	△6,646
営業活動によるキャッシュ・フロー	18,108	22,849

図表2－17　全国保証　キャッシュ・フロー計算書（その2）

（単位：百万円）

	前事業年度 （自 平成24年4月1日 至 平成25年3月31日）	当事業年度 （自 平成25年4月1日 至 平成26年3月31日）
投資活動によるキャッシュ・フロー		
定期預金の預入による支出	△109,850	△136,830
定期預金の払戻による収入	89,550	133,350
有価証券の取得による支出	−	△16,322
有価証券の売却及び償還による収入	900	15,100
有形固定資産の取得による支出	△38	△116
① 有形固定資産の売却による収入	97	4
無形固定資産の取得による支出	△125	△285
無形固定資産の売却による収入	0	−
投資有価証券の取得による支出	△7,048	△8,170
投資有価証券の売却及び償還による収入	4,309	1,781
投資事業組合からの分配による収入	229	1,236
投資不動産の取得による支出	−	△14
投資不動産の売却による収入	164	−
貸付金の回収による収入	5	−
投資不動産の賃貸による収入	5	2
投資不動産の賃貸による支出	△3	△0
投資活動によるキャッシュ・フロー	△21,804	△10,264
財務活動によるキャッシュ・フロー		
株式の発行による収入	8,005	−
自己株式の取得による支出	−	△0
配当金の支払額	△234	△1,478
財務活動によるキャッシュ・フロー	7,771	△1,479
現金及び現金同等物の増減額（△は減少）	4,076	11,105
現金及び現金同等物の期首残高	9,459	13,535
現金及び現金同等物の期末残高	13,535	24,641

①設備投資の真水部分はこの４項目のみ。他はすべて財テク

◆全国保証の投資チャンス

全国保証の投資チャンスは上場時でした。ＩＰＯはネット関連やバイオ銘柄が注目され、非常に高い株価がつく一方で、地味な業種は敬遠される傾向にあります。

さらに、同社の知名度は低く、ビジネスモデルを理解していた投資家が少なかったこともあり、信じられないような安値で公開されました。初値は５０８円、２０１３年３月期のＥＰＳは１２０・５円につき、ＰＥＲはたったの４倍でした。

同社の場合、上場直後に安倍政権が発足してアベノミクス相場が始まり、住宅ローンの消費税増税前の駆け込み需要により業績も好調であったため、株価も堅調に推移しています。

よって、不況で家が売れず、住宅ローンの焦げ付きも多発するような、次の投資チャンスを待つことが賢明に思われます。

【全国保証の投資チャンス】

●２０１２年１２月：知名度が低く、ビジネスモデルも理解されていなかった上場時

図表２－１８　全国保証　株価チャート（２０１２年１２月～２０１５年１月）

第3章

株式相場全体の分析

――あまり知られていないとっても重要な5つの指標

1 「木を見て森を見ず」にならないために

株式投資で利益を上げるためには、個別銘柄の買い注文を入れる前に、株式市場全体が買い時であるか、売り時であるかを把握しておくことが大切です。

◆株には買い時、売り時がある

ここで、第1章、第2章のおさらいをしておきましょう。第1章では、本質的価値と安全域を重視したグレアム流バリュー投資を紹介しました。ポイントは次の2つでした。

●株価が本質的価値の3分の2を下回り、十分な安全域を確保できれば買う
●本質的価値に戻れば、まだ上昇余地があったとしても売る

ケーススタディとして取り上げたトヨタ自動車（7203）の買い時は、日本株が低迷していた2010年から2012年の間に何度かありました。売り時は、アベノミクス相場で日本株が急騰した2013年2月以降でした。

第2章では、一流企業への長期集中投資を行うバフェット流バリュー投資を紹介しました。ポイントは次の2つでした。

●金を払って投資するに値するフランチャイズ（営業上の特権）を備えた一流企業を選ぶ
●株式市場全体が大きく落ち込んだり、悪材料や一時的な業績悪化により、その一流企業の株価が売り込まれたときに買う

ケーススタディとして取り上げた、日本M&Aセンター（2127）の買い時は、株式市場全体が大きく落ち込んだ2009年3月、悪材料や一時的な業績悪化により株価が売り込まれた2010年8月でした。

今では、アベノミクス相場により、株価が底値から10倍以上に上昇してしまい、PERでも割高となっているので、手を出せません。現に2014年5月には、会社のことを一番知っている経営陣が保有株を売り出しています。「我が社は割高です」といっているようなものです。ある意味では、売り時といえるでしょう。

興味深いのは、バリュー投資とはいえ手法が異なっているにもかかわらず、トヨタ自動車と日本M&Aセンターというタイプの異なる企業の買い時と売り時がほぼ一致していることです。

やや強引にまとめてしまえば、政府や中央銀行の無策も相まって日本株の低迷していた2010年から2012年が買い時、アベノミクス相場により日本株の急騰した2013年から2014年にかけてが売り時でした。

◆「不景気、悲観時代」は株の買い時、「好景気、楽観時代」は株の売り時

実際に投資で億万長者となった本多静六博士は、著書『私の財産告白』（実業之日本社刊）で次のように述べています。

> 私は「好景気、楽観時代には思い切った倹約貯蓄」（すなわち金を重しとする）、「不景気、悲観時代には思い切った投資」（すなわち物を重しとする）という鉄則を樹てて直進することを人にもすすめている。

要するに利殖の根本をなすものは、「物と金」の適時交替の繰り返しであって、その物的投資対象には、株式、土地、山林、事業出資等を挙げ、やっぱり昔からの財産三分投資法を説いているのである。

これは、本質的価値（バリュー）をベースとする個人投資家にとって、たいへん重要な指針です。本質的価値を下回る銘柄が増える「不景気、悲観時代」は、株を買っていい時期です。一方、本質的価値を上回る銘柄ばかりとなる「好景気、楽観時代」は株を買ってはいけない時期です。

それゆえ、私たちは世の中をつぶさに観察し、「今は、株を買っていい時期か、買ってはいけない時期か」を判断する必要があります。

◆勉強すればするほど、雑音に悩まされる

しかしながら、本多博士の言葉どおりの投資を行うのは容易ではありません。なぜなら、経済情勢や株式市場について勉強すればするほど、雑音に悩まされるからです。

好景気、楽観時代には「預貯金など愚の絶頂」というムードに支配され、株を買わなければならない理由を専門家（ただし、本人は投資をしてないケースも多い）が並べ立てます。マスコミにも、株式投

資で1億円を達成した個人投資家が華々しく登場して、自分だけが乗り遅れているような気分にさせられます。

逆に、不景気、悲観時代には倹約ブームとなり、世界経済や株式市場の先行きについて、気の滅入るような記事が新聞などに掲載されます（人々を不安にさせ、自社媒体の注目度をアップさせるのは、マスコミの常套手段です）。職場でも、株で大損している上司がいたりして、株式市場の話題を口にすること自体が憚《はばか》られたりします。

このように知識を得ようとするあまり、世間のムードに同調してしまい、好景気、楽観時代に高値づかみをして、不景気、悲観時代は塩漬けで身動きがとれないという、本末転倒の結果を招きがちです。いったい、どうすればいいのでしょうか。

◆冷静な投資判断に不可欠な5つの指標

世間の雰囲気に流されないための有効な解決策は、指標を見ることです。感情を排除し、数字を用いることで、冷静な投資判断ができます。チェックするポイントは、次の3つです。

●株式市場全体が割安か、割高か
●取引自体が閑散としているか、過熱しているか

●世間の人々が株式投資に無関心か、大いに興味を持っているか

そこで、筆者が見ている指標のうち、あまり知られていない割に重要性の高いものを5つ紹介します。

●ウォーレン・バフェット指標
●CAPEレシオ
●マージンデット（証拠金債務）
●株式投信の純資産総額推移
●紀伊國屋書店の株の本コーナー

このうち、ひとつ目のウォーレン・バフェット指標、2つ目のCAPEレシオは、株式市場全体が割安か、割高かを見る指標です。

3つ目のマージンデット（証拠金債務）は、取引自体が閑散としているか、過熱しているかを見る指標です。

4つ目の株式投信の純資産額推移、5つ目の紀伊國屋書店の株の本コーナーは、世間の人々が株式投資に無関心か、大いに興味を持っているかを見る指標です。

それでは、次ページより、それぞれについて見ていきましょう。

2 バフェットほど有名ではない「ウォーレン・バフェット指標」

最初に紹介するのは、その名もズバリ「ウォーレン・バフェット指標」です。

◆ＧＤＰと株式市場時価総額との関係

図表３－１の上段は、米国ＧＤＰと株式市場時価総額（ウィルシャー５０００）の推移を表しています。国富の象徴である株式市場が、一国のＧＤＰ（国内総生産）と連動しながら、中長期的に成長している様子をうかがい知れるグラフです。

ここで興味深いのは、グラフをよく見ると、なだらかに伸びているＧＤＰに対して、株式市場時価総額はかなりギクシャクしている点です。

そうなっているのは、株式市場時価総額が、景気循環と市場心理によって引き起こされる「好景気、

図表３－１　米国ＧＤＰ、株式市場時価総額、バフェット指標の推移

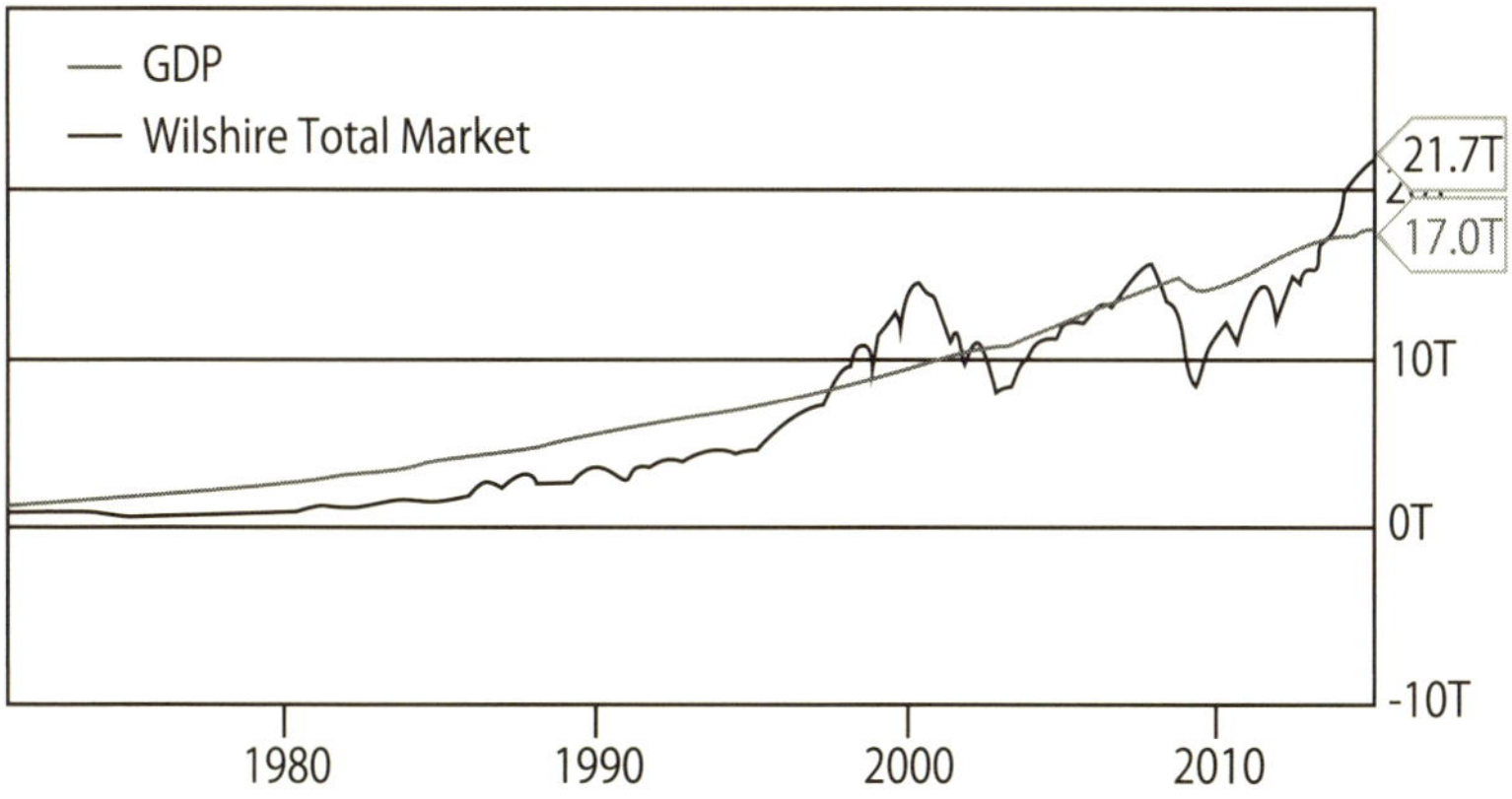

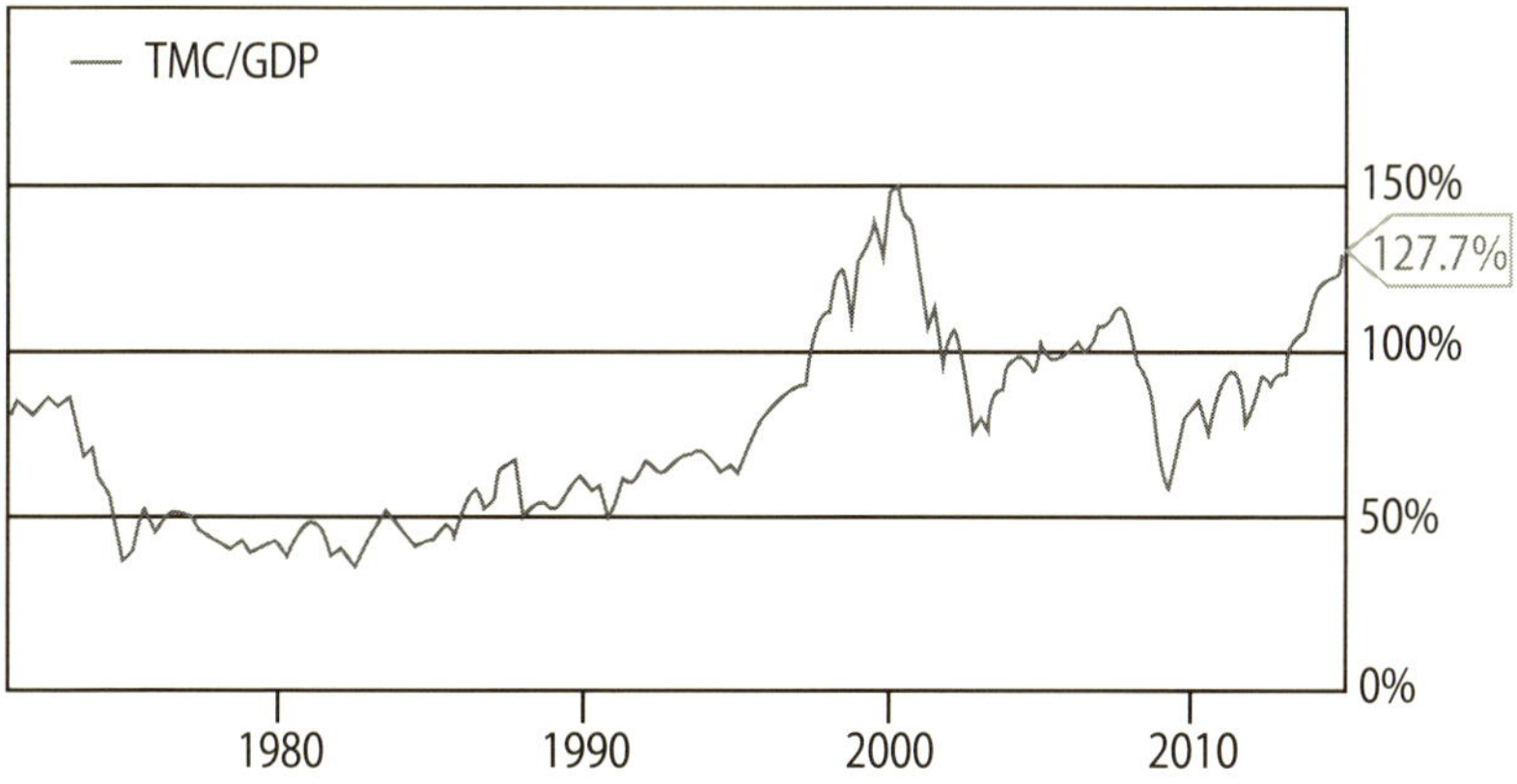

出典：GuruFocus（ http://www.gurufocus.com/stock-market-valuations.php ）

楽観時代」と「不景気、悲観時代」によるブレを素直に反映しているからです。

近年では、2000年のITバブルや2007年のサブプライムローンバブルにおいて、株式市場時価総額がGDPを大幅に上回っていました。逆に、ITバブルの崩壊した2002年、リーマンショックの発生した2008年は、株式市場時価総額がGDPを大幅に下回っていました。

104~105ページで引用した本多博士の言葉どおり、「好景気、楽観時代には思い切った倹約貯蓄」「不景気、悲観時代には思い切った投資」を実践するのであれば、GDPと株式市場時価総額のかい離に注目することで、数字の裏付けが得られます。

◆その名も「ウォーレン・バフェット指標」

米国にも本多博士と同じことに気づいている投資の達人がいました。かつて、この指標を「いかなるときでも通用する、単独で株式市場の割高・割安を判断する最良の指標」として挙げたことから、指標にも彼の名前が冠されています。

その名もズバリ「ウォーレン・バフェット指標（Warren Buffett Indicator）」です。もっとも我が国においては、バフェット本人ほどには知られていないようですが……。

ウォーレン・バフェット指標とは、ある国（通常は米国）の株式市場時価総額をGDPで割ったもので、Total-Market-Cap to GDP Ratioとも呼ばれています。

●ウォーレン・バフェット指標＝一国のGDP÷株式市場時価総額

この指標は、GuruFocus（http://www.gurufocus.com/stock-market-valuations.php）で公開されており、判断基準は次のとおりです。

●〜50・・・・・・大幅に過小評価
●50〜75・・・・・ほどよい過小評価
●75〜90・・・・・適正な評価
●90〜115・・・・ほどよい過大評価
●115〜・・・・・・大幅に過大評価

2014年12月1日現在では、127・7％となっており、米国株は大幅に過大評価されています（図表3－1の下段）。当のバフェットも「今の米国株は買えない」と思っているかもしれません。

◆なぜ、わざわざ米国の指標を見るのか

ここまで読んで「自分は日本株に投資しているので、米国の指標は関係ない」とか「なぜ、米国の指

標を見る必要性があるのか」とか、思った人もいるでしょう。

英語に不慣れな筆者が、わざわざ米国の指標を見る理由は、次の3つです。

●米国の指標に優れたものが多いこと
●2000年以降、世界の株価が連動するようになったこと
●東証でのメインプレーヤーが外国人投資家であること

ひとつ目は、日米の情報量の違いです。米国では、様々な指標が公開され、グラフも添えられて見やすくなっており、しかも毎日のように更新されています。残念ながら、我が国ではそのような情報が不足していることから、米国のデータを併用しています。

2つ目は、投資のグローバル化により、世界中の株価が米国株の影響を受けるようになったことです。日経平均は、NYダウが下がれば、ほぼ連れ安します。ということは、米国株が割安（あるいは割高）なときは、日本株もそうである可能性が高いことになります。

3つ目は、東証においても外国人投資家が台頭していることです。2013年には、東証1部の売買代金ベースで外国人投資家が62・3％を占めました。彼らの投資意欲は、世界最大のマーケットである米国株の動向に影響されます。

投資のグローバル化が進んでいる今日においては、資本主義経済の中心である米国の状況にも注意を

払っておくことが必要です。

◆日本株の「ウォーレン・バフェット指標」

日本株のウォーレン・バフェット指標としては、東証時価総額とGDPを比較したグラフがVectorGrader（http://www.vectorgrader.com/indicators/japan-market-cap-gdp）で公開されています（図表3－2）。

このグラフを見れば、1990年の資産バブルがいかにすさまじいものだったか、よく分かります。また、2006年から2007年にかけての株高局面も、相応に割高だったことになります。

2014年においては、ほぼ1倍に迫っており、少なくとも割安とはいえません。

ちなみに、日本株のバリュエーションについて、溜池通信（http://tameike.net/）のかんべえさんは、2013年12月6日のニュースレターで、次のように述べています。

> 株価に対しては、「東証時価総額が名目GDPを超えるとバブル」といういつもの尺度で見ると、上値はさほどないように思える。

図表３－２　日本株のウォーレン・バフェット指標

（東証時価総額とＧＤＰの比較推移）

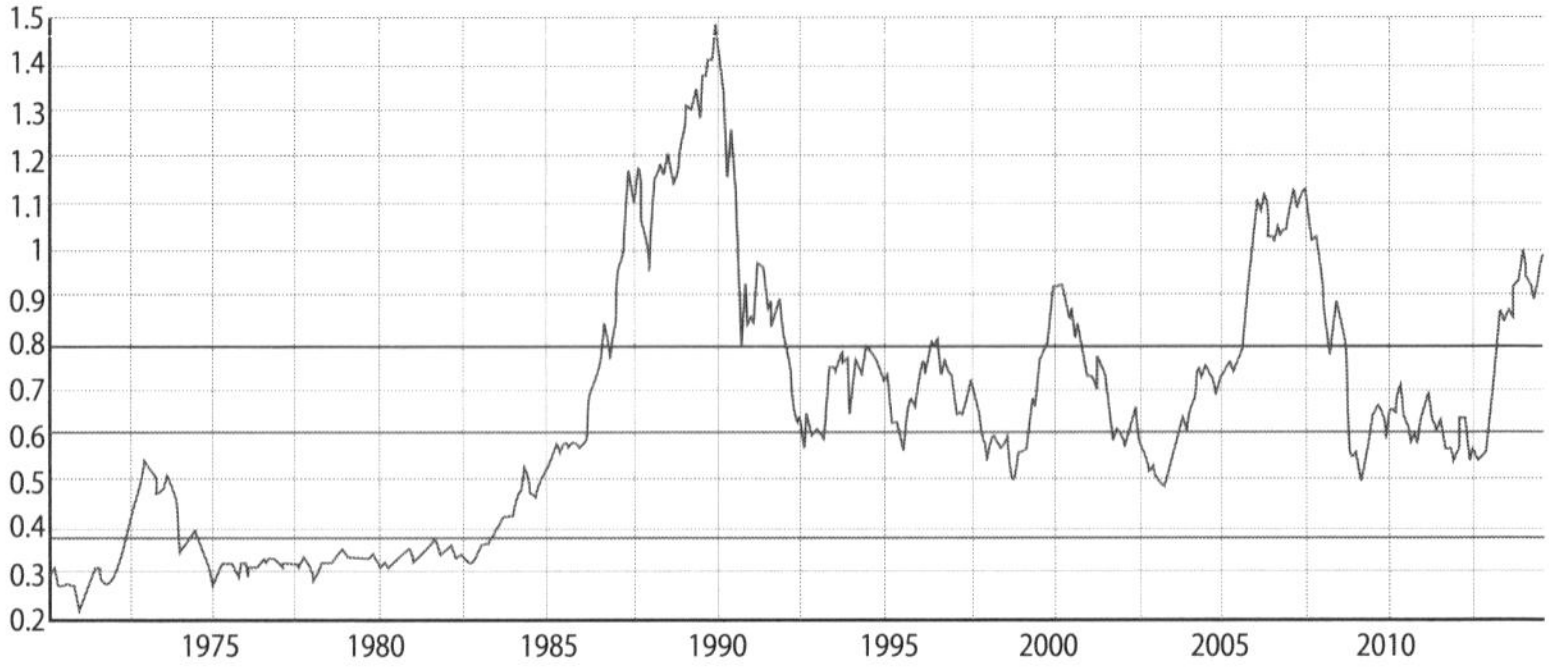

（日経平均株価の推移）

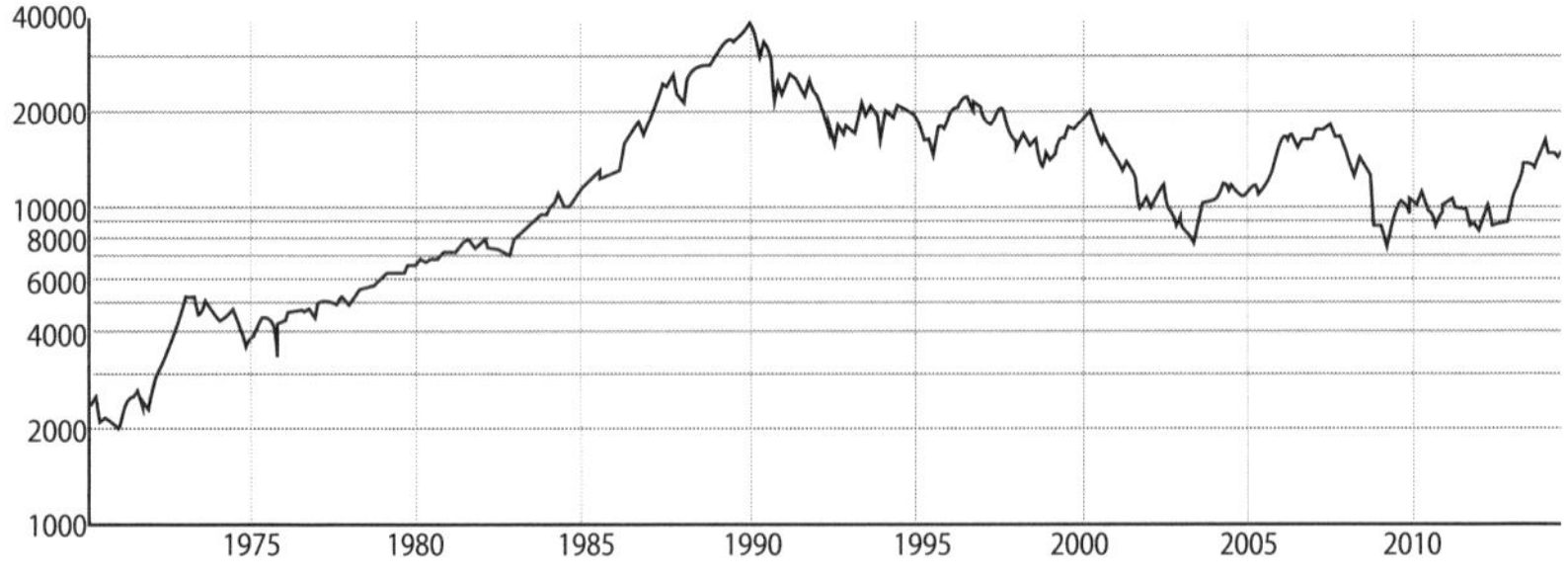

出典：VectorGrader（ http://www.vectorgrader.com/indicators/japan-market-cap-gdp ）

（2013年）11月末の数値は既に9割を超えている。今の日本経済の実力から行くと、日経平均で1万5500円あたりが上限ではないだろうか。

筆者も、日本経済のファンダメンタルが変わらない限り、日経平均1万6000円以上は中長期的な株の買い時としてはふさわしくないと思っています（ちなみに、本書を執筆している2014年11月末の日経平均は17459円ですが、意見を変えるつもりはありません）。ひとつの見方として、参考にしてください。

3 ノーベル賞受賞教授が発案した「CAPEレシオ」

株式市場全体の割安度・割高度をおおまかに判断するもうひとつの見方として、S&P500指数などの株価インデックスに対する指標に注目します。この場合、PERよりCAPEレシオの方が適しています。

◆シンプルだが、欠点もあるPER

一般的に、株価が割安か、割高かを判断する指標としては、PER（Price Earnings Ratio：株価収益率）を使います。

株がEPS（1株当たり利益）の何倍で買われているかを示しており、PERが低ければ割安、高ければ割安です。シンプルであることから、よく使われています。

●PER＝株価　÷EPS（1株当たり利益）

ただ、第1章で述べたとおり、PERには欠点があります。企業業績は景気の影響を受けやすく、時々の経済状況によりEPSが変動します。

とりわけ、市況関連株では、その傾向が顕著です。不況期は利益が半減で済めば御の字で、EPSも本来の実力より低下します。一方、好況期は、利益が倍増することも珍しくなく、EPSも本来の実力より上昇します。

この状況を、一例で示すと、次のとおりです。

●本来の実力・・・PER15倍＝株価1500円÷EPS100円
●不況期・・・・・PER20倍＝株価1000円÷EPS50円
●好況期・・・・・PER10倍＝株価2000円÷EPS200円

市況関連株に関しては、不況によりEPSが減少してPERの高いときに買い、好況によりEPSが増加してPERの低いときに売れば儲かるという、皮肉な現象が生じていることが分かるでしょう。

これでは、PER本来の役割である「企業収益に対する割安度・割高度」を表していることになりません。

◆本来の割安度・割高度を表すCAPE

CAPEレシオ（Cyclically Adjusted PER：景気変動調整後の株価収益率）は、PERの欠点を解消した指標です。「ケープ」と発音します。

過去10年の利益や配当、物価水準などを加味したPERで、景気循環の影響などを取り除いた株価の割安度・割高度を示します。

第1章の20ページでは、景気循環株の代表格であるトヨタ自動車のPERを過去10年間の平均EPSから再計算しましたが、CAPEレシオもS&P500指数に対して、同じような補正を行っているわけです。

この指標は、2013年にノーベル経済学賞を受賞し、一躍世間の注目を浴びた、米エール大学のロバート・シラー教授により考案されました。

multpl（http://www.multpl.com/shiller-pe/）で公開されている、S&P500指数（米国株インデックス）のCAPEレシオをチェックすることで、米国市場全体の割安度・割高度が把握できます（図表3－3）。

ちなみに、経験則によれば、CAPEレシオが25倍を超えてくれば、株価が下落することが多いようです。2014年12月1日現在では、26・96まで上昇しており、米国市場が割安でないことは確かです。

図表３－３　Ｓ＆Ｐ５００指数に対するＣＡＰＥレシオの推移

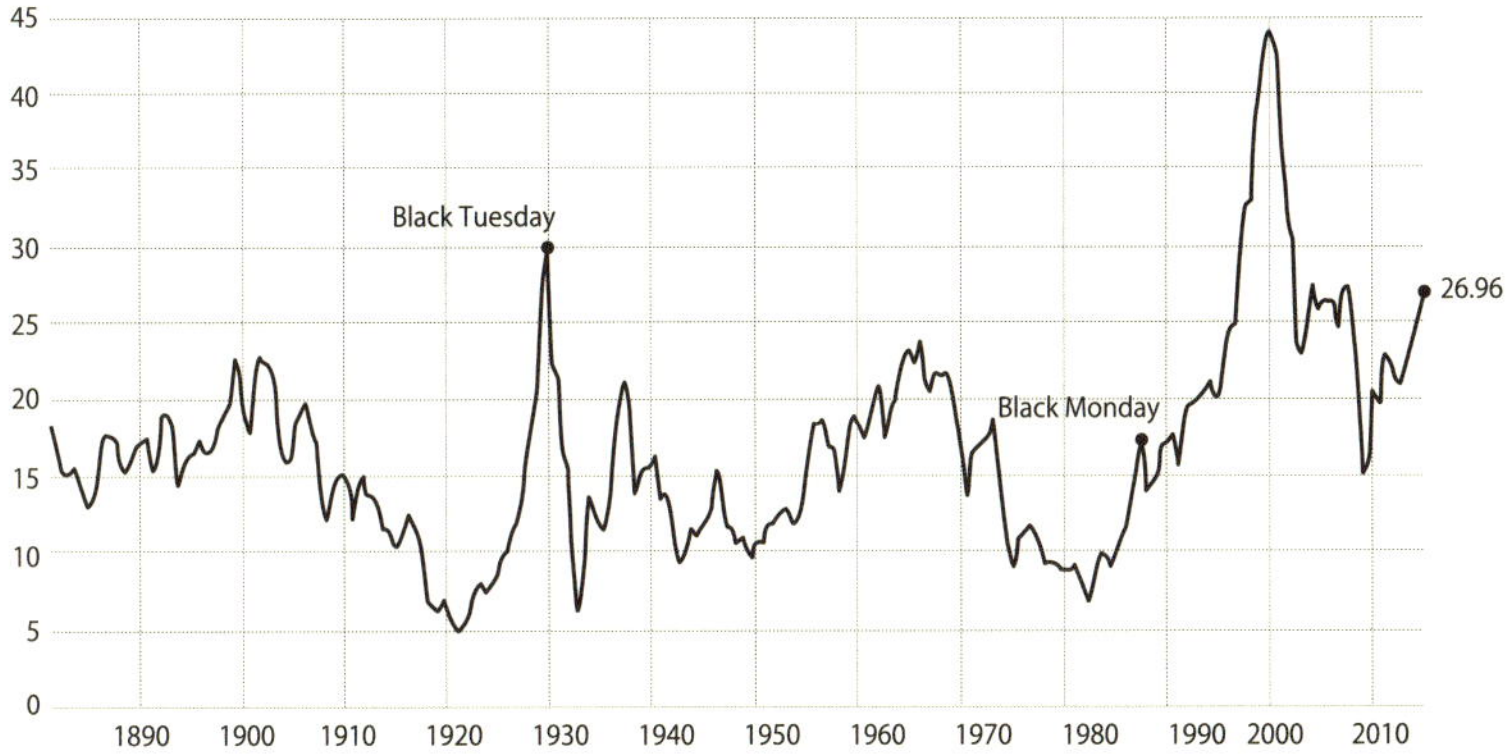

出典　multpl (http://www.multpl.com/shiller-pe/)

4 相場の過熱度を測る「マージンデット（証拠金債務）」

強気相場が続けば、お金を借りて（レバレッジを利かして）株を買う投資家が増えます。その状況をチェックすることにより、相場の過熱度を判断できます。

◆米国株のマージンデット

マージンデット（Margin Debt：証拠金債務）とは、ニューヨーク証券取引所の発表しているデータで「投資家が株を買うために金融機関から借りているお金の残高」を表しています。

dshort.com（http://www.advisorperspectives.com/dshort/updates/NYSE-Margin-Debt-and-the-SPX.php）でその推移が公開されています（図表３－４）。

米国株のマージンデットは、２０１４年に入り、２０００年のＩＴバブルや２００７年のサブプライ

図表3－4　米国株のマージンデット

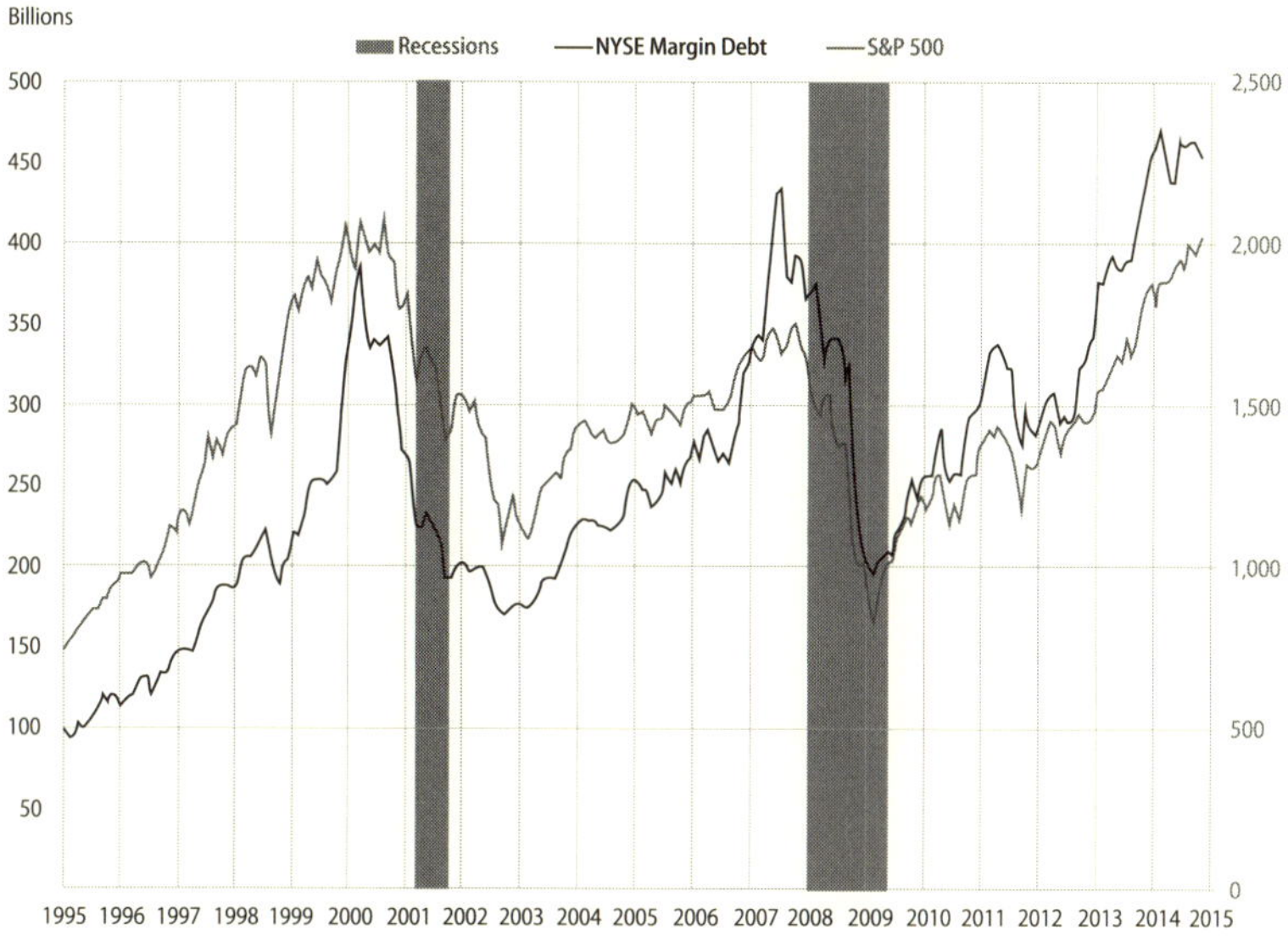

出典：dshort.com
http://www.advisorperspectives.com/dshort/updates/NYSE-Margin-Debt-and-the-SPX.php

ムローンバブルを上回り、過去最高に達しています。

２０１４年２月、ＦＯＭＣ（連邦公開市場委員会）メンバーの一人で「タカ派」の代表格として知られるダラス連銀・フィッシャー総裁は、この件に対して懸念を表明しました。


私の経験からはこれは危険な状況だと言える。この世の終わりが来るという意味ではないが、相場が反転する可能性を示している。


ダラス連銀総裁の警告後も、米国株は上昇を続けています。２０１４年１１月末では、ＮＹダウは１万８０００ドルに迫り、Ｓ＆Ｐ５００指数は２０００ポイントを突破しました。

このような状況で相場が天井をつけて反落すれば、膨れ上がった証拠金債務により「売りが売りを呼ぶ」展開になる恐れがあります。

証拠金の担保として差し入れている持株の評価損により、マージンコール（追い証）の発生した（あるいはマージンコールを回避したい）投資家が投げ売りを余儀なくされるからです。

◆日本株の信用取引残高

日本株のマージンデットに当たるものとしては、信用取引残高があります。筆者は、トレーダーズ・ウェブ（http://www.traders.co.jp/margin/transition/transition.asp ）で公表されているデータを重宝して使っています（図表3－5）。

相場が過熱すれば、借金による投資（投機？）が積み上がるのは、洋の東西を問いません。さすがに2006年の小泉相場には及びませんが、アベノミクス相場による株価上昇を受け、2013年以降は信用買い残が高水準で推移しています。

米国株同様、相場が天井をつけて反落すれば、追い証（追加保証金）の発生により（あるいは追い証を回避するため）投げ売りの止まらない事態も想定されます。

一方、バブル崩壊後に相場が大底をつける近辺では、売り残が買い残を上回る信用倍率1倍割れが起こっています。とりわけ、筆者の印象に残っているのは次の2回です。

●2001年11月16日：0.94倍
●2009年3月27日　：0.90倍

2000年の春に天井をつけたＩＴバブルの崩壊過程においては、2001年11月に信用倍率1倍

図表３－５　日本株の信用取引残高

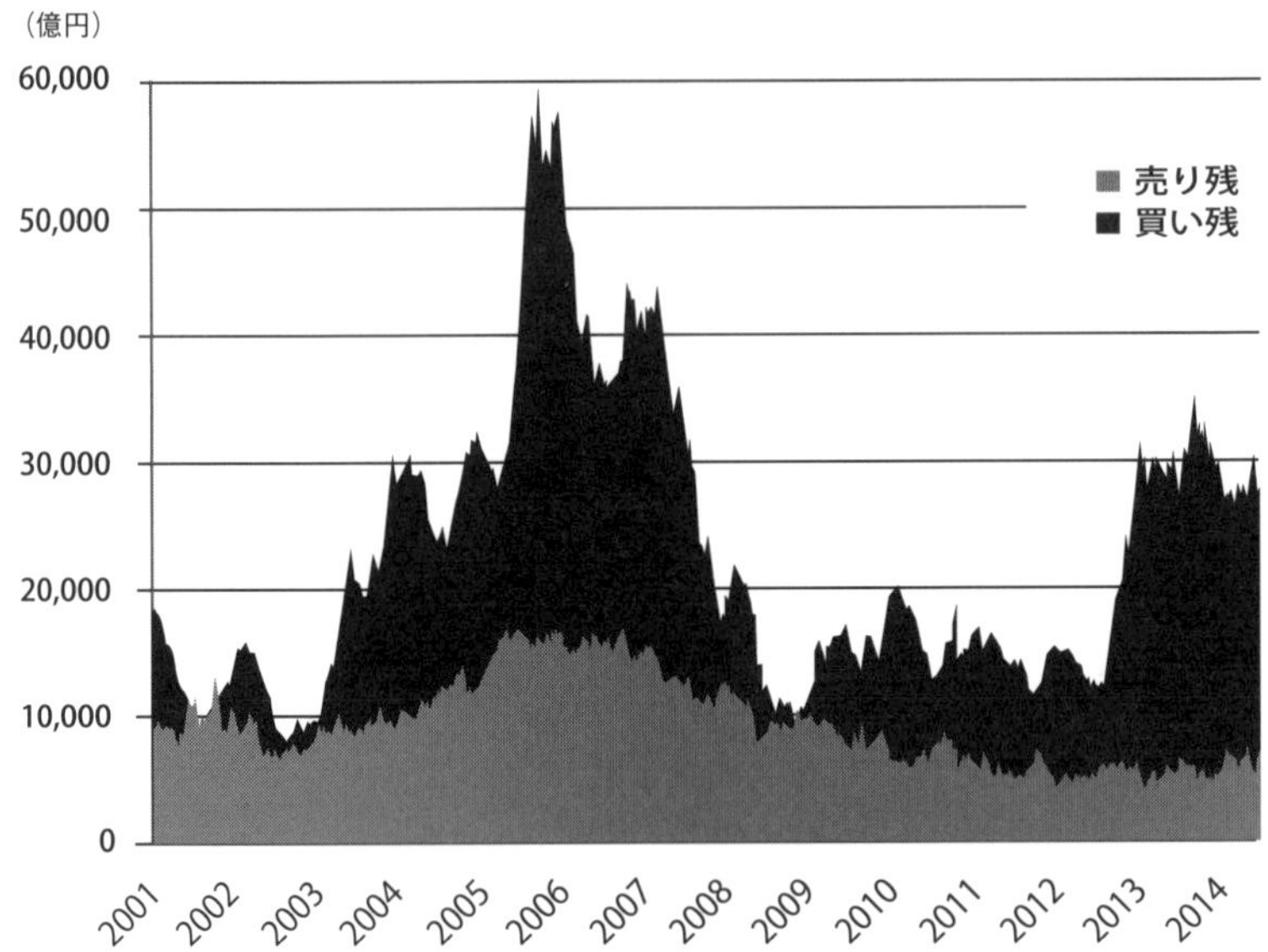

トレーダーズ・ウェブ（※）の公表データより筆者作成
※http://www.traders.co.jp/margin/transition/transition.asp

割れを起こしています。

２００１年９月１１日、ニューヨークの世界貿易センタービルに民間航空機が突入するというショッキングな「米同時多発テロ事件」が起こり、その翌日に日経平均が急落して１７年振りに１万円の大台を割り込んでから２ヵ月後の出来事でした。

２００７年の秋から始まったサブプライムローンバブルの崩壊過程においては、相場の大底と信用倍率１倍割れの時期がちょうど重なり、いずれも２００９年３月でした。

３月の期末に日経平均７０００円の攻防となり、もし７０００円を割り込むようであれば、保険会社など日本株を大量に抱えている金融機関の決算ができないとささやかれていました。

まさに修羅場であり、デイトレーダーの一群が盛んに空売りを仕掛け、ブログなどで怪気炎を上げていたことを覚えています。

このように、弱気派の勢力が最大になれば、やがて相場は底打ちして、反転するものです。

バリュー投資では、株価が本質的価値より割安であり、安全域を確保できれば投資対象になります。

ただ、株価はファンダメンタル以外に需給からも影響を受けることから、信用買い残や信用倍率など需給についての指標を補助的に使ってもいいと思います。

5 逆指標として使える「株式投資の純資産総額推移」

続いて、逆指標として使えるデータを紹介します。普段、株を買わない層まで参戦を始めれば、相場の天井もそう遠くはないといえます。

◆株式投資の真実を表しているデータ

筆者の２０年近い投資経験において、株式投資の真実だと確信していることを列記します。

●マーケットで勝ち続けられる投資家は、ほんのわずかである
●株式投資において、みんながハッピーな状況は、そう長続きしない

この状況を冷徹に表しているのが、投資信託協会（http://www.toushin.or.jp/）の公開している株式投信の純資産総額推移です（図表3－6）。

◆バブルの天井で、株式投信の純資産総額はピークをつけている

1989年以降、株式投信の純資産総額がピークをつけたのは、次の3回です。

●1989年12月・・・45兆5494億円
●2000年2月・・・・17兆1163億円
●2007年10月・・・69兆681億円

1989年12月は、日経平均株価が3万9000円の史上最高値をつけた資産バブルの絶頂期です。億ションや高級車が飛ぶように売れ、何かが狂っていた時代でした。

2000年2月は世間がITバブルに沸き、イケイケだったときです。御三家と呼ばれたNTTドコモ、ソフトバンク、光通信が、ファンダメンタルでは説明できない株価水準まで買い上げられました。

2007年10月はサブプライムローンバブルの戻り高値です。BRICs（ブラジル、ロシア、インド、中国）やベトナムなど、新興国に投資するファンドが大人気を博していました。

図表３－６　株式投信の純資産総額推移

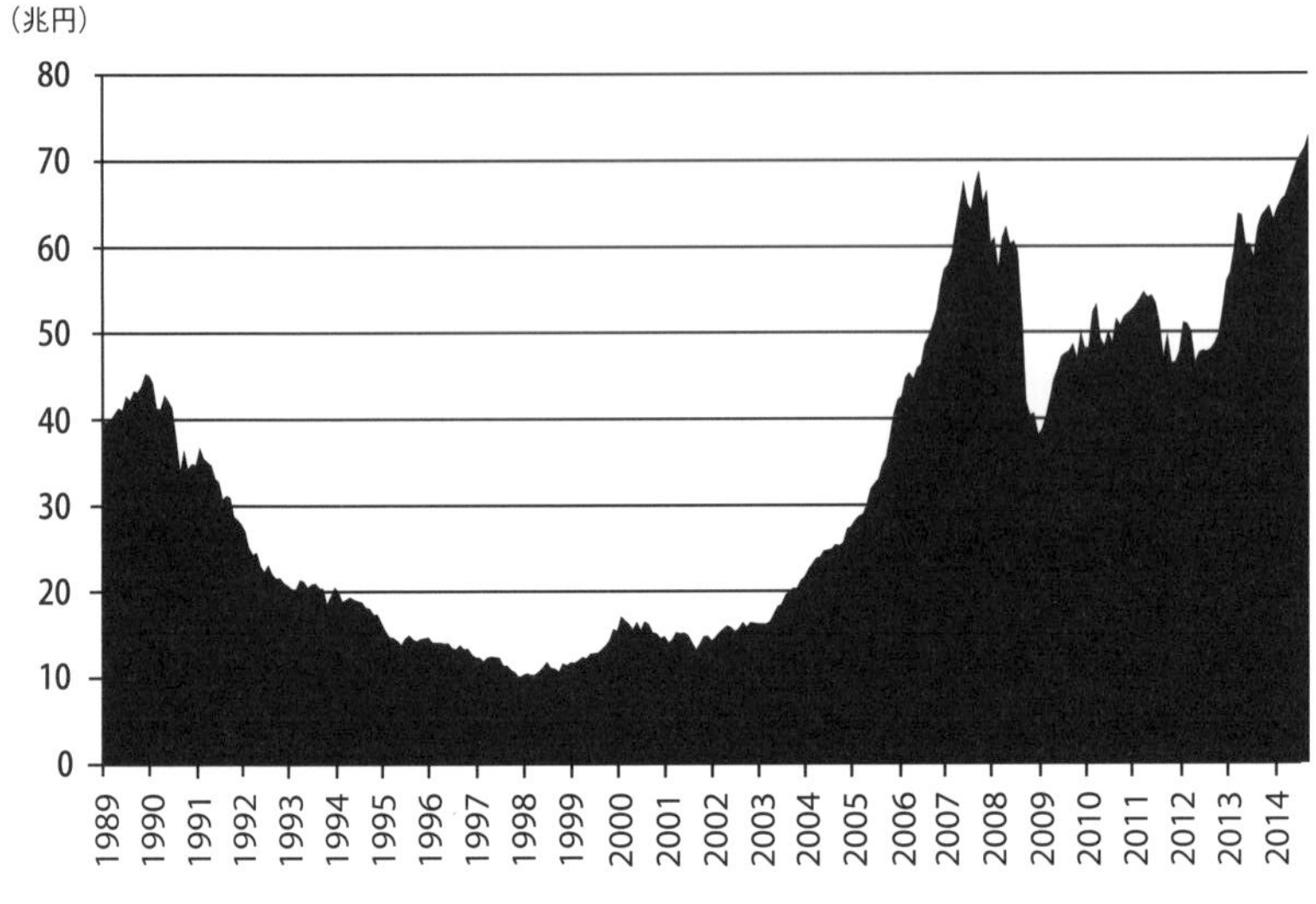

投資信託協会（※）の公開データより筆者作成

※http://www.toushin.or.jp/statistics/statistics/data/

いずれも、相場の天井と株式投信の純資産総額のピークが重なっています。「株式市場が上がれば株を買いたくなり、下がれば株を売りたくなる」というのが、悲しいかな人間の性のようです。強気相場が続けば、今までお札の耳を揃えて銀行口座に預けていた層までが株式市場に参戦してきます。

そういった「なんちゃって投資家」に銘柄分析は荷が重く、たいてい株式投信の購入に走るので、ものの見事に逆指標となってしまうのです。

◆株式投信の純資産総額がボトムをつければ、相場も底打ちする

逆に、株式投信の純資産総額がボトムをつけたのは、次の3回です。

●1997年12月・・・9986億円
●2001年9月・・・・13兆2810億円
●2009年1月・・・・38兆3279億円

1997年12月は、この年に発生したアジア通貨危機の余波で、北海道拓殖銀行と山一証券が経営破たんを起こした直後です。絶対につぶれないと信じられていた都市銀行と大手証券の破たんにより、

投資家は疑心暗鬼に陥り、株という株が売られました。

２００１年９月は、１２５ページでも取り上げたとおり、ＩＴバブル崩壊に米同時多発テロ事件が重なって、日経平均が１７年振りに１万円の大台を割り込んだときです。

２００９年１月は、「１００年に一度の危機」といわれた２００８年９月のリーマンショックにより、世界中の株価が暴落した４ヵ月後でした。

ボトムに関しては、ピーク時ほどドンピシャリではありませんが、ほぼ相場の大底に近い時期に発生しています。

株価の下落に耐えられなくなったり、景気の先行きに悲観したりした投資家が「もう株はこりごりだ」と見切ったところで、相場は大底をつけるということでしょうか。

◆他人が貪欲になっているとき、どう行動すべきか

筆者が気にしているのは、直近の状況です。２０１４年１０月における株式投信の純資産総額は、７３兆２３０３億円となり、４カ月連続で過去最高を更新しました。

歴史が繰り返すのであれば、そろそろ危ない時期が迫っているともいえそうです。

「他人が貪欲になっているときはおそるおそる、まわりが怖がっているときは貪欲に」というバフェットの有名な言葉を借りれば、今はおそるおそる行動するときかもしれません。

6

相場の天井を当てた「紀伊國屋書店の株の本コーナー」

この章の最後に、番外編ともいうべきデータを紹介します。でも、こういったデータが意外に当たります。

◆株の本は中身よりタイミング

本題に入る前に、筆者の失敗談を紹介しましょう。

2008年のリーマンショックは、筆者のビジネスにも多大な影響を及ぼしました。株式市場全体の大幅な下落により、割安株まで叩き売られ、バリュー投資が説得力を失ってしまったからです（本来はこんなときほど、絶好の投資チャンスなのですが）。

著作のメドも立たなくなりました。企画書を送ったり、東京出張時に出版社のオフィスを訪れたりして、編集者レベルでは了解を得られた書籍もあったものの、最終的には「会社として検討した結果、今回は見送ります」という、つれない返事ばかりでした。

このときに、身をもって知ったのは「株の本は中身も大事だが、それ以上にタイミングが重要」という出版業界の常識でした。それが分かっていなかったばかりに、必死の売り込みも徒労に終わったのです。

ところが、安倍政権の誕生により、アベノミクス相場が始まったとたん、出版社から相次いで連絡が入りました。どの社からも「なるべく早く書いてほしい」と急かされます。何とも現金なものです。

◆書店の株の本コーナー

「株の本は中身よりタイミング」であれば、書店の株の本コーナーの配置こそ株式市場の動向を表しているといえます。強気相場になれば、株の本が売れるようになり、新刊の出版も相次ぐからです。

そのような状況が続けば、書店の中で長らく隅の方に追いやられていた株の本コーナーが、目につきやすい場所に移動します。

- ●メイン通路の奥から手前に
- ●入口に対して裏側から表側に
- ●ジャンルごとに階が分かれている書店ではエスカレータ前に

株の本は、企画から出版まで半年程度のタイムラグがあります。また、何かと手間のかかる書籍売場のレイアウト変更も、やたらめったら行われるものではありません。

そのため、大きな書店で株の本コーナーが良い場所に移動するのは、株価がかなり上がった後のことも多く、時には過熱相場のサインになります。

現に2005年の小泉相場では、その年の年末近くに紀伊國屋書店本店の株の本コーナーが、ビジネス書売場の一等地であるエスカレータ前に移動したため、出版社の間でも話題に上りました。

結果として、2005年末が小型株相場のピークであったことから、紀伊國屋書店は相場の天井をぴったり当てたことになります。下手な経済統計より、よほど役立ちます。

そういうこともあり、筆者は紀伊國屋書店やジュンク堂などの大書店から、実家近くの小さな本屋まで、株の本コーナーを定期的にチェックしています。

◆他にもある、けっこう当たる指標

書店の株の本コーナー以外にも、個人的に指標の代用としているものがあります。これが、けっこう当たるのです。

世の中に、次のような兆候が見受けられれば「株式市場もいいところまで上がってきたな」と警戒します。

●週刊誌で株式投資の特集がひんぱんに組まれる
●株式投資セミナーが盛況になり、若い女性の参加者も増えて、普段は殺風景なセミナー会場が華やかになる
●サラリーマンを退職して、株式投資一本で食べていこうとする個人投資家が現れる

要するに、ごく普通の人々が株式投資に身を乗り出してきたときが「株の売り時」、株への関心を失っているときが「株の買い時」です。

こういった常日頃より肌身で感じる雰囲気に加え、株式市場の割安度・割高度を示すウォーレン・バフェット指標やＣＡＰＥレシオ、取引自体の過熱さを示すマージンデット、株式投資への関心を示す株式投信の純資産総額推移などで数字の裏付けを取りながら、総合的な投資判断を行うことができれば理想的です。

第4章

「勝ち組」と「負け組」を分ける記帳という習慣の重要性

1 損をしている投資家に限って記帳ができていない

この章では、株の世界で勝者と敗者を分けている習慣ともいえる、記帳についてお話しします。

◆セミナー会場での意外な調査結果

筆者は初心者向け株式投資セミナーの講師として、個人投資家の皆さんと接する機会があります。そのとき、本題に入る前に必ずといっていいほど、参加者に質問をします。

もう株式投資を始めている方は、いらっしゃいますか？

すると、意外に多くの手が挙がります。講師としては「そういう方には、話を真剣に聞いてもらえるので、ありがたい」と思いながら、次の質問に移ります。

投資を始めている方に伺います。現時点でどれぐらい儲かっているか損しているか、今までどのような売買を行ってきたか、何らかの形で記帳していますか?

今度は、数えるほどしか手が挙がりません。最初、この質問をしたときは「記帳しているのが当たり前」という認識でしたので、正直なところ、驚きました。

◆実績を上げている個人投資家は記帳ができている

この結果に興味を持った筆者は、きちんとした実績を上げている個人投資家にお会いしたときにも、同じ質問をすると、ほぼ全員から「記帳をしています」という答えが返ってきました。

投資の世界において「勝ち組」と「負け組」を分けているのは、案外「記帳という当たり前のことができているかどうか」なのかもしれません。

◆記帳には4つのメリットがある

記帳には計り知れないメリットがあります。その中で筆者が強調しておきたいのは、次の4つです。

●投資に回せるお金を増やせる
●大きな損失を防げる
●税引後リターンを高められる
●投資のパフォーマンスを向上できる

ひとつ目の「投資に回せるお金を増やせる」は、お金の管理をきっちりすることで、得られるメリットです。

不思議なもので、毎月のように金融資産の残高を記録するようになれば、無駄な出費を抑えて倹約貯蓄に励むようになり、投資に回せるお金を増やせます。

恥ずかしながら、若き日の筆者自身も金融資産がどれだけあるのか、まったく知りませんでした。金銭的にもルーズで、無駄遣いも多かったように思います。

ところが投資を始めるため、金融資産をすべて書き出し、毎月の記録をつけるようになったとたん、倹約家に転身しました。

2つ目の「大きな損失を防げる」は、現時点での損益を常に時価評価することにより、得られるメリットです。

損は、小さなうちに切っておけば、大事には至らないものです。そのためには、日頃から「あと、どのぐらいの損失なら許容できるのか」を確認しつつ、相場に臨むことです。

筆者も、2008年のリーマンショックをはじめとして厳しい下落相場を経験していますが、何とか生き残っているのは、記帳により個別銘柄の損益管理を行ってきたからです。

3つ目の「税引後リターンを高められる」は、確定申告をスムーズに行えることにより、得られるメリットです。

記帳ができていれば「確定申告により、株の税金がどのぐらい戻ってくるか」のシミュレーションができます（エクセルを使えば簡単です）。そうすることで、株の税制にも詳しくなり、「税引後リターンを高めるためには、どうすべきか」を常に意識するようになります。

筆者も、サラリーマン時代から確定申告を行っており、配当控除（151ページで後述）の適用などで税引後リターンを高める努力をしてきました。

4つ目の「投資のパフォーマンスを向上できる」は、記帳における最大のメリットです。

今まで、どのような売買を行ってきたかを振り返ることが、投資のパフォーマンスを向上させるきっかけとなります。

私たち個人投資家は、人間の持っている性が引き起こす「投資の落とし穴」にはまっていることが少なくありません。知らず知らずの間に、同じような間違いを何度も繰り返しているものです。

そういったことに気づけば、しかるべき対策を講じることで、「負け組」から「勝ち組」に転じることも可能です。

詳細は第5章でお話ししますが、筆者も折に触れ過去の売買を振り返り、まずかったと気づいた点については、修正を加える「自己分析」と「投資の改善」を行っています。

◆必要なフォーマットは４つだけ

筆者は記帳にあたり、４つのフォーマットを用意しています。それぞれについて、次ページより見ていきましょう。

- ●投資に回せるお金を増やすための「金融資産一覧表」
- ●大きな損失を防ぐための「投資損益明細表」
- ●税引後リターンを高めるための「受取配当金一覧表」
- ●投資のパフォーマンスを向上させるための「売買履歴一覧表」

2

投資に回せるお金を増やすための「金融資産一覧表」

「金融資産一覧表」のフォーマットは、図表4－1のとおりです。月末には、この表を更新するようにします。

◆元本を増やすのが、資産形成の近道

私たち個人投資家が、株式投資で資産を形成する近道は、次の2つです。

●投資に回せるお金を増やす
●投資のパフォーマンスを向上させる

図表４－１　金融資産一覧表

	前年末	1月	2月	3月	～	12月
普通預金	1,293,670	1,230,167	1,026,281	1,129,572		875,244
定期預金	17,589,060	17,605,196	17,606,292	17,607,388		22,128,087
貯蓄性保険	607,750	607,750	607,750	607,750		630,250
個人向け国債	10,000,000	10,000,000	10,000,000	10,000,000		10,000,000
その他	1,674,128	1,681,529	1,681,529	1,681,529		-2,874,818
生活資金　計	31,164,608	31,124,642	30,921,852	31,026,239		30,758,763
日本株	1,110,000	5,786,900	19,347,400	31,849,700		29,123,200
外国株	5,810,500	6,066,069	6,778,737	6,988,943		8,488,336
債券	1,207,599	1,245,489	1,337,518	1,365,044		32,759
キャッシュ	31,871,901	27,312,681	14,667,996	4,658,469		10,365,263
投資資金　計	40,000,000	40,411,139	42,131,651	44,862,156		48,009,558
金融資産　計	71,164,608	71,535,781	73,053,503	75,888,395		78,768,321
基準価格	10,000	10,103	10,533	11,216		12,002
当月		1.0%	4.3%	6.5%		5.3%
累計		1.0%	5.3%	12.2%		20.0%

このうち、実行しやすいのは「投資に回せるお金を増やす」です。相場に左右されがちな「投資のパフォーマンスを向上させる」に対して、「投資に回せるお金を増やす」は努力次第で何とかなるからです。

「金融資産一覧表」を作成する1番の目的も、そこにあります。毎月のように金融資産の残高を記録するようになれば、無駄な出費を抑えて倹約貯蓄に励むようになり、投資に回せるお金を増やせます。

まったくの余談ですが、マネー誌のベテラン記者によれば、成功している個人投資家の共通点は「ケチで臆病」だそうです。

◆生活資金と投資資金を分けていますか

2番目の目的は、資金の性質がまったく異なる生活資金と投資資金を分けることです。

リスクを取らない生活資金は銀行口座に預け入れ、定期預金、貯蓄性保険、個人向け国債などの確定利付商品で運用します。

一方、投資資金は証券口座にプールしておきます。最近は証券口座の預り金に利息の付かないことも多いのですが、予め分けておくことをおすすめします。

ごちゃごちゃにしてしまうと、ある月に金融資産残高が大きく減少した場合、臨時の出費があったのか、株で損したのかが分かりにくくなります。

そういう意味でも、口座を別々にしたほうが管理も楽です。また、株式投資に入れ込んでしまい、生活資金で株を買ってしまう勇み足を防ぐこともできます。

◆投資のパフォーマンスは基準価格方式

筆者は投資のパフォーマンスも、この表で管理しています。計算方法は、投資信託などと同じ基準価格方式です。キャッシュポジションを含む、投資資金全体を前年末と比較して、リターンを求めるやり方です。

ちなみに投資の世界では、この基準価格方式がスタンダードになっています。個人投資家の場合、パフォーマンスを他人と競うことにあまり意味はないとはいえ、合わせておいた方が何かと便利です。

3 大きな損失を防ぐための「投資損益明細表」

「投資損益明細表」のフォーマットは、図表4－2のとおりです。筆者は外国株にも投資しているため、日本株と外国株を分けて管理しています。

売買頻度にもよりますが、最低でも週に一度はこの表を更新して、持株の含み益・含み損を確認してください。

◆持株の時価評価はできていますか

「投資損益明細表」を作成する1番の目的は、個別銘柄ごとの損益額を常に時価評価しておくことで、株式投資を止めざるを得なくなるような大きな損失の発生を防ぐためです。

当初は小さな含み損であっても、放置しているうちにどんどん大きくなり、やがて売るに売れない状

図表４－２　投資損益明細表

	コード	銘柄	株数	買付単価	買付レート	買付金額	株価1/31	評価レート	評価額	割合	損益	率
1	1306	TOPIX-ETF	1,500	1,514		2,271,200	764		1,146,000	19.8%	-1,125,200	-49.5%
2	2735	ワッツ	1,100	807		887,716	803		883,300	15.3%	-4,416	-0.5%
3	3398	クスリのアオキ	600	1,441		864,716	1,568		940,800	16.3%	76,084	8.8%
4	4767	TOW	2,000	468		936,716	465		930,000	16.1%	-6,716	-0.7%
5	7483	ドウシシャ	200	2,416		483,158	2,406		481,200	8.3%	-1,958	-0.4%
6	9640	セゾン情報システム	400	1,046		418,358	1,036		414,400	7.2%	-3,958	-0.9%
7	9974	ベルク	800	1,212		969,516	1,239		991,200	17.1%	21,684	2.2%
		日本株　計				6,831,380			5,786,900	14.3%	-1,044,480	-15.3%
1	EFA	ISHARES EAFE	450	76.10	104.15	3,566,532	52.14	76.20	1,787,881	30.9%	-1,778,652	-49.9%
2	SPY	SPDR SP500 TRUST	200	139.44	104.15	2,904,441	131.32	76.20	2,001,317	34.6%	-903,125	-31.1%
3	VB	VANGUARD SML-CAP	140	67.78	85.29	809,241	74.51	76.20	794,873	13.7%	-14,369	-1.8%
4	VSS	VA ALLWORLD X-US	230	84.01	85.50	1,651,955	84.56	76.20	1,481,999	25.6%	-169,956	-10.3%
		外国株　計				8,932,170			6,066,069	15.0%	-2,866,102	-32.1%
		株式　計							11,852,969		-3,910,582	
		米ドル　MMF							1,245,489			
		債券　計							1,245,489	4.6%		
		預り金							28,994,210			
		調整額							-1,681,529	67.6%		
		キャッシュ　計							27,312,681			
		投資資金　合計							40,411,139			

注:米ドルＭＭＦは外国株用のキャッシュポジション

況に追い込まれるものです。

塩漬けにしないためには、損切りする習慣をつけることです。投資家として、ある程度の経験を積むまでは、評価損が10％に達すれば、いったんロスカットすることをおすすめします。

筆者も、ポジションを大きく取っているときは、常にこの表とにらめっこしながら、含み損が5％を超えてきた持株について「いつ、切るべきか」検討するようにしています。

◆「後、どれだけ株を買えるのか」把握していますか

2番目の目的は、キャッシュポジションの管理です。株式投資においては「相場の金と凧の糸は出し切るな」という相場格言のとおり、いつ訪れるか分からない投資チャンスに備えて、一定の余裕資金を確保しておくべきです。

日頃から「現時点のキャッシュポジションはいくらか。後、どれだけ株を買えるのか」を念頭に置いて相場に臨めば、相場の変動にも臨機応変に対応できます。

◆投資資金全体の管理はできていますか

3番目の目的は、投資資金全体の管理です。投資資金全体が、年初から大きく減少しているようであれば、致命的なミスを連発していると考えて、ほぼ間違いありません。

そういったときは、投資家本人も精神的に追い込まれています。損を取り返したいばかりに、一発逆転を狙うようになり、このまま投資を続ければ、大火傷を負ってしまう恐れがあります。

もし、そのような状況に陥ったならば、直ちに持株をすべて売却する必要があります。とりあえず出血を食い止めてから、しばらくは投資を休んで、頭を冷やしましょう。

個別銘柄ごとの損益額を常に時価評価していれば、投資資金全体が大きく減少する事態にはならないはずですが、万が一を想定してチェックしておきましょう。

筆者も、2008年の損失を受けて「投資資金全体が年初から10%以上減った時点で、その年の投資をいったんストップする」というサーキットブレーカー的なルールを設けています。

4

税引後リターンを高めるための「受取配当金一覧表」

「受取配当金一覧表」のフォーマットは、図表4－3のとおりです。外国株は、海外と国内でそれぞれ課税されるため、日本株とは様式を分けた方が便利です。

配当金を受け取るたびに、この表に記入するようにしてください。

◆インカムゲインを軽視するな

株式投資では、値上がり益を重視しがちです。しかしながら、投資のリターンはキャピタルゲイン（値上がり益）とインカムゲイン（配当収入）の合計です。

●投資のリターン＝キャピタルゲイン＋インカムゲイン

図表4－3　受取配当金一覧表

◎日本株

	コード	銘柄	確定日	株数	1株配	税込配当	税額	受取配当
1	3366	一六堂	2月28日	1,300	9	11,700	1,170	10,530
2	7821	前田工繊	3月19日	200	15	3,000	300	2,700
3	2487	CDG	3月30日	300	70	21,000	2,100	18,900
4	2744	ウィン・インターナショナル	3月30日	1,300	28	36,400	3,640	32,760
5	3036	アルコニックス	3月30日	500	35	17,500	1,750	15,750
6	3170	アイセイ薬局	3月30日	100	96	9,600	960	8,640
7	3397	トリドール	3月30日	1,200	16	18,600	1,860	16,740
8	5273	三谷セキサン	3月30日	100	6	550	54	496
9	6157	日進工具	3月30日	100	70	7,000	700	6,300
10	1306	TOPIX ETF	7月9日	1,500	15	22,650	2,264	20,386
		合計				14,800	14,798	133,202

◎外国株

	コード	銘柄	確定日	株数	1株配	税込配当
1	SPY	SPDR TRUST 1	1月30日	200	$0.77	11,610
2	VB	VANGUARD SML-CAP	3月27日	140	$0.02	218
3	SPY	SPDR TRUST 1	4月30日	200	$0.61	9,682
4	EFA	ISHARES EAFE	6月27日	450	$1.15	40,591
5	SPY	SPDR TRUST 1	7月30日	200	$0.69	10,622
6	VSS	VA ALLWORLD X-US	9月27日	230	$0.76	13,301
7	SPY	SPDR TRUST 1	10月30日	200	$0.78	12,262
		合計				98,286

	コード	銘柄	国外税	差引額	国内税	受取額
1	SPY	SPDR TRUST 1	1,161	10,449	1,044	9,405
2	VB	VANGUARD SML-CAP	21	195	18	177
3	SPY	SPDR TRUST 1	968	8,714	870	7,844
4	EFA	ISHARES EAFE	4,059	36,532	3,652	32,880
5	SPY	SPDR TRUST 1	1,062	9,559	955	8,604
6	VSS	VA ALLWORLD X-US	1,330	11,971	1,196	10,775
7	SPY	SPDR TRUST 1	1,226	11,035	1,103	9,932
		合計	9,827	88,455	8,838	79,617

投資期間が長期にわたれば、配当金の再投資による複利効果も馬鹿にできなくなります。

それゆえ、受取配当金についても、しっかりと管理しておくべきです。くれぐれも、勝手に使ってしまうことのないように！

◆確定申告で配当金の税金を取り戻せる

意外に知られていないみたいですが、確定申告を行えば、配当金の税金を取り戻せるケースがあることをご存じでしょうか。

株の売買で損をした年は、申告分離課税の選択により、譲渡損失（売却損）と相殺できます。

また、よほどの高給取りでない限り、総合課税を選択したうえで配当控除を適用すれば、配当金の所得税をほぼ全額取り返せるケースが大半です（図表４－４）。

というのは、普通のサラリーマンであれば、給与収入から給与所得控除（給与収入の３割程度）と各種所得控除（基礎控除３８万円、配偶者控除、扶養控除、社会保険料控除など）を差し引いた課税所得金額が１９５万円超３３０万円以下に収まるからです。

この場合、所得税率は１０％となり、全額配当控除の対象になります。

ただし、Ｊ－ＲＥＩＴや外国株には、配当控除を適用できないので注意が必要です。

図表４－４　総合課税選択時の正味税率

課税所得金額	所得税			住民税			正味税率
	税率	配当控除	差引負担	税率	配当控除	差引負担	
195万円以下	5.105%	10.21%	0%	10%	2.8%	7.2%	7.2%※
195万円超330万円以下	10.21%		0%				7.2%
330万円超695万円以下	20.42%		10.21%				17.41%
695万円超900万円以下	23.483%		13.273%				20.473%
900万円超1,000万円以下	33.693%		23.483%				30.683%
1,000万円超1,800万円以下	33.693%	5.105%	28.588%		1.4%	8.6%	37.188%
1,800万円超	40.84%		35.735%				44.335%

※配当所得にかかる税額から控除しきれない分は、他の所得にかかる税額から控除する

◆受取配当金の税引後リターンを最大化しよう

配当控除の仕組みを理解することにより、NISA（ニーサ、少額投資非課税制度）の最適な活用法も見えてきます。本書の読者で最も多いと思われる、税率10％のサラリーマンの場合、次のように使い分ければ、受取配当金の税引後リターンを最大化できます。

●J－REIT、外国株・・・NISA口座で優先的に投資
●日本株・・・・・・・・NISA口座の枠が余っていれば、NISA口座で投資。NISA口座の枠を使いきれば、特定口座などの課税口座で投資し、確定申告で配当控除を適用

5 投資のパフォーマンスを向上させるための「売買履歴一覧表」

「売買履歴一覧表」のフォーマットは、図表4－5のとおりです。勝ち銘柄と負け銘柄に分けておいた方が、勝因や敗因を分析しやすいです。

売買を行う都度、更新するようにしてください。まず、買い注文を入れた時点で「買い」欄に記入しておきます。その後、売り注文を入れた時点で「売り」欄に記入し、損益を計算します。

◆「投資の落とし穴」より脱出できれば、パフォーマンスを劇的に改善できる

「売買履歴一覧表」を作成する目的は、投資のパフォーマンスを向上させるためです。というのも、私たち個人投資家は、3つの「投資の落とし穴」にはまっているケースが少なくないからです。

図表４－５　売買履歴一覧表（勝ち銘柄）

	コード	銘柄	株数	売り				買い				損益額	損益率	保有日数
				約定日	売値	売却代金	手数料	約定日	買値	手数料	取得金額			
1	9974	ベルク	800	2012/2/23	1,221	976,800	716	2012/1/23	1,211	716	969,516	6,568	0.7%	31
2	7279	ハイレックスコーポレーション	800	2012/3/12	1,385	1,108,000	764	2012/2/12	1,313	1,074	1,051,474	55,762	5.3%	29
3	1909	日本ドライケミカル	100	2012/3/25	2,928	292,800	358	2012/3/14	2,886	0	288,600	3,842	1.3%	11
4	4301	アミューズ	400	2012/3/26	1,152	460,800	358	2012/3/18	1,143	358	457,558	2,884	0.6%	8
5	2796	ファーマライズＨＤ	12	2012/4/2	67,850	814,200	716	2012/3/11	46,983	582	564,378	249,106	44.1%	22
6	5273	三谷セキサン	100	2012/4/3	725	72,500	145	2012/3/5	686	0	68,600	3,755	5.5%	29
7	7595	アルゴグラフィックス	900	2012/4/3	1,088	979,200	639	2012/2/2	1,066	910	960,310	18,251	1.9%	61
8	3036	アルコニックス	500	2012/4/4	1,842	921,000	639	2012/2/28	1,835	639	918,139	2,222	0.2%	36
9	6409	キトー	14	2012/4/4	67,000	938,000	716	2012/2/20	63,500	716	889,716	47,568	5.3%	44
10	9963	江守商事	900	2012/4/4	960	864,000	639	2012/2/15	955	716	860,216	3,145	0.4%	49
11	9974	ベルク	800	2012/4/4	1,204	963,200	639	2012/2/28	1,194	716	955,916	6,645	0.7%	36
12	2157	コシダカＨＤ	500	2012/4/10	2,200	1,100,000	764	2012/3/11	1,875	639	938,139	161,097	17.2%	30
13	2185	ＣＭＣ	300	2012/4/10	2,021	606,300	716	2012/3/11	1,989	552	597,252	8,332	1.4%	30
14	2186	ソーバル	1,300	2012/4/11	444	577,200	716	2012/3/18	429	727	558,427	18,057	3.2%	24
15	4767	ＴＯＷ	2,000	2012/4/11	515	1,030,000	1,278	2012/1/25	468	716	936,716	92,006	9.8%	77
16	7438	コンドーテック	1,800	2012/4/11	573	1,031,400	1,278	2012/2/14	529	716	952,916	77,206	8.1%	57
17	9640	セゾン情報システム	800	2012/4/11	1,138	910,400	1,074	2012/1/29	1,043	716	835,116	74,210	8.9%	73
18	7818	トランザクション	700	2012/4/17	997	697,900	716	2012/3/11	929	716	651,016	46,168	7.1%	37
19	3169	ミサワ	400	2012/4/23	1,660	664,000	716	2012/4/1	1,260	716	504,716	158,568	31.4%	22
20	2487	ＣＤＧ	900	2012/4/24	817	735,300	1,074	2012/3/4	803	716	723,416	10,810	1.5%	51
合計						15,743,000	14,661				14,682,137	1,046,202		757
平均											734,107	52,310	7.1%	37.9

図表４－５　売買履歴一覧表（負け銘柄）

	コード	銘柄	株数	売り				買い				損益額	損益率	保有日数
				約定日	売値	売却代金	手数料	約定日	買値	手数料	取得金額			
1	7483	ドウシシャ	200	2012/1/31	2,349	469,800	358	2012/1/29	2,414	358	483,158	-13,716	-2.8%	2
2	4809	パラカ	8	2012/2/12	66,600	532,800	639	2012/2/2	72,400	716	579,916	-47,755	-8.2%	10
3	2169	ＣＤＳ	2	2012/3/22	126,950	253,900	358	2012/3/12	135,100	358	270,558	-17,016	-6.3%	10
4	8860	フジ住宅	2,000	2012/3/26	468	936,000	639	2012/3/12	488	716	976,716	-41,355	-4.2%	14
5	2164	地域新聞社	2,100	2012/3/28	246	516,600	639	2012/3/18	274	582	575,982	-60,021	-10.4%	10
6	9928	ミロク情報サービス	3,000	2012/4/3	262	786,000	639	2012/2/9	270	1,074	811,074	-25,713	-3.2%	54
7	2744	ウイン・インターナショナル	1,300	2012/4/4	614	798,200	639	2012/2/23	637	746	828,846	-31,285	-3.8%	41
8	3794	エヌ・デーソフトウェア	100	2012/4/4	3,040	304,000	639	2012/4/2	3,365	358	336,858	-33,497	-9.9%	2
9	6054	リブセンス	100	2012/4/4	2,322	232,200	639	2012/4/1	2,630	358	263,358	-31,797	-12.1%	3
10	3654	ヒト・コミュニケーションズ	300	2012/4/25	1,522	456,600	716	2012/3/20	1,538	716	462,116	-6,232	-1.3%	36
		合計				5,286,100	5,905				5,588,582	-308,387		182
		平均									558,858	-30,839	-5.5%	18

●その1：典型的な「負のスパイラル」に陥っていないか
●その2：何度も繰り返しやられている「負けパターン」はないか
●その3：勝った投資が「まぐれ当たり」ではなかったか

皆さんが「投資の落とし穴」にはまっていることに気づけたならば、しかるべき対策を講じることで、投資のパフォーマンスを劇的に改善できます。それでは順を追って、チェック方法を見ていきましょう。

◆「負のスパイラル」に陥っていないか、確認しよう

米国で大成功を収めた株式トレーダー、マーク・ミネルヴィニの著書『ミネルヴィニの成長株投資法』（パンローリング刊）には、次の記述があります。

> 投資家は大きな利益が出るまで待つよりも、大きな損失が出るまで持ち続ける可能性のほうが高い。彼らは含み損が出るとあまりにも長く持ち続けるが、利益が出るとあまりにも早く売ってしまう。

価値が増えた銘柄よりも、価値が減った銘柄を買い増しする可能性のほうが高い。投資家は株価が下がると、すぐに倍賭けをしやすい。

投資家は小さな損失よりも、小さな利益を受け入れる可能性のほうが高い。

皆さんの中にも、これらのいくつかに（あるいはすべてに）心当たりのある人がいるかもしれません。このような、含み益になるとすぐに売り、含み損が出ると塩漬けにするという人間の深層心理がもたらす投資家の傾向を、行動経済学では「ディスポジション効果」と呼んでいます。

「ディスポジション効果」により、勝ったときはわずかの利益しか上げられず、負けたときは大きな損失を計上するという投資を繰り返すのが「負のスパイラル」です。

私たちが、自らを律することができず、感情のおもむくままに売買すれば、おのずと「負のスパイラル」に陥ります。最悪のケースでは、持株が「売るに売れない」塩漬け株だらけとなり、身動きが取れなくなってしまいます。そうなっていないかどうかを、過去の売買履歴より確認してみてください。次のような傾向が見受けられれば、要注意です。

●勝っている銘柄の利益額が小さく、負けている銘柄の損失額が大きい
●勝っている銘柄の投資額（取得金額）が小さく、負けている銘柄の投資額が大きい
●勝っている銘柄の保有日数が短く、負けている銘柄の保有日数が長い

もし「負のスパイラル」に陥っているようであれば、以下の対応が必要になります。すべて実行するのが無理であれば、損切りを素早く行い、ナンピンを止めて、まずは大損の芽を摘むことを心掛けてください。それだけでも結果は、かなり変わってくるはずです。

●損切りを素早く行う
●利食いをなるべく我慢する
●負けている銘柄の買付単価を下げるための追加投資（いわゆるナンピン）を行わない
●勝っている銘柄の買付単価を上げすぎないように注意しながら、少しずつ追加投資する

◆自分の「負けパターン」を見つけることで、それを排除しよう

驚異的な勝ち組投資家集団「タートルズ」の生みの親であるウィリアム・エックハートは『新マーケットの魔術師』（パンローリング刊）に収録されているインタビューで、次のように答えています。

なぜ負けているか分からないトレーダーは、何が間違っているか分からない限り救いようがない。何が間違っているか分かっているのであれば、僕からのアドバイスはすごく単純で、その間違っていることを止めるべきだ。

人間は都合のいい動物で、嫌なことはきれいさっぱり忘れてしまいます。そのため、株式投資においても、同じようなミスを繰り返し起こしがちです。

エックハートの貴重なアドバイスを取り入れたいのであれば、何度も行っている「負けパターン」がないかを確認してみましょう。

筆者も経験していますが、次のようなパターンで負け続けているのであれば、それを止めてしまえばいいのです。

●値動きの激しい新興市場の小型株で、高値づかみをすることが多い
●ネットの掲示板、投資ブロガーの情報を鵜呑《うの》みにして追随し、大敗している
●株価の下げ続けている銘柄を買い向かい、そのまま塩漬けとなってしまった

ＪＡＳＤＡＱやマザーズ市場を主戦場として、値動きが激しい小型株を高値でつかんでしまうのなら、そういった銘柄を投資対象から外してしまうことです。

ネットの掲示板、投資ブロガーの影響を受けてしまう投資家は、見るのを止めればいいのです。余った時間で『会社四季報』を読み、そこで気になった銘柄の決算書や会社説明会ビデオを見るほうが、よっぽど有意義です。

株価の下げ続けている銘柄を買い向かってしまうのであれば、テクニカル分析を併用して「少なくとも、１３週移動平均線が上向くまでは手出ししない」といった売買ルールを作ることで、同じ過ちを防止できます。

このような対応策により、自分の「負けパターン」を排除すれば、投資のパフォーマンスを劇的に改善させることも可能です。

メモ用紙に「今後、やっていけないこと」を箇条書きにして、売買注文を行っているパソコンの前に張り付けておくだけでも、効果的でしょう。

◆勝った投資が「まぐれ当たり」ではなかったか、振り返っておこう

勝った投資についても「狙いどおりだったのか、まぐれ当たりだったのか」を振り返っておきましょう。

強気相場では、適当に銘柄を選び、いい加減に売買しても、勝ててしまいます。連戦連勝が続けば、

自分の実力を過信して、投機的な売買にのめり込んでしまう恐れがあります。そういった投資を続けているうち、相場の振り子が逆に振れれば、悲劇的な結果を招きかねません。

たとえ勝っていたとしても、その理由が明確に分からなかったり、ネット上の情報に依存しているケースでは「まぐれ当たり」の可能性が高いです。

第5章

パフォーマンスを劇的に改善する「自己分析」と「投資の改善」

1 自己分析により投資手法を改善しよう

この章では、パフォーマンス向上に最も効果を期待できる自己分析と投資の改善について、取り上げます。

◆堂々巡りをしていませんか

株は、マーケットを介した売り手と買い手の戦いです。将棋でも、テニスでも、何でもそうですが、人間同士の対戦において必勝法は存在しません。

将棋なら四間飛車、テニスならサーブ&ボレイといった攻め方はありますが、勝てるかどうかは本人しだいです。

そんな中で稼げるようになるためには、試行錯誤を重ねつつ、自分の性格に合った投資手法を構築していくしかないといえます。

ところで皆さんは、どのような形で株式投資に取り組んでいるでしょうか。最悪に近いのは、次のようなケースです。

①セミナーを受けたり、株本を読んだりして、投資手法の勉強をする
↓
②実際に試してみるものの、そう簡単に儲からない
↓
③「あの手法はダメだ」と見切りをつけて、別のやり方を探す
↓
④このプロセスを延々と繰り返す

どこがダメかといえば、損をした原因が自分にあるにもかかわらず、責任を他人に転嫁しているからです。結局、根本的な問題解決に至らず、堂々巡りとなります。

◆自己分析の必要性

個人投資家の中には、株式市場や個別銘柄の研究に熱心でも、売買履歴をつけていない人がいます。例えてみれば、帳簿のない会社みたいなもので、そんなどんぶり勘定では儲かるはずもありません。

第4章でも触れたように、過去の売買を振り返ることにより、自分がどのような状況で損をしているのかという「負けパターン」が明確になります。一方で儲けた銘柄に関しても、「もう少し利益を増やせる余地があったかどうか」の検討ができます。

自己分析ができれば、今後「負けパターン」に陥らないことで損失を抑え、なるべく利益を伸ばすことで、もっと儲かるようになれます。

◆偉大なる投資家も自己分析を通じて成長した

投資の名著をひもとけば、偉大なる投資家も自己分析をきっかけとして、大きく飛躍していることが分かります。

伝説の投機王と呼ばれたジェシー・リバモアの伝記『世紀の相場師ジェシー・リバモア』（角川書店刊）には、次のように書かれています。

負けゲームを初めからもう一度なぞるというのは、傷口に塩をもみ込むようなものである。しかしこれは、同じ過ちを繰り返さないための必須の作業である。リバモアは自己分析を徹底しておこなった。

成長株投資の元祖、ウィリアム・オニールは著書『オニールの成長株発掘法』（パンローリング刊）にて、自己分析が投資家としての転機になったことを明かしています。

大きなショックを受けた私は、1961年後半の半年間を費やして、自分が前年に行った取引を注意深く分析した。（中略）自分が犯したいくつかの失敗を詳細に事後分析することは、私にとって大きなターニング・ポイントとなった。

第4章の157～158ページで紹介したマーク・ミネルヴィニも同様です。『マーケットの魔術師［株式編］』（パンローリング刊）に収録されているインタビューで、自己分析の重要性を訴えています。

> 実践してみて極めて有益だったこととして、ミネルヴィニは自分の過去のトレードを分析することを挙げている。この分析から得た洞察によって彼の投資スタイルは大きく変化し、わずかな収益しか上げられないトレーダーから華々しい成功者へと変身を遂げた。

◆自己分析を通じた投資手法の改善プロセス

筆者も、大敗を喫した2008年以降、折に触れて、自分自身の売買履歴を振り返っています。自己分析を行い、投資手法の改善につなげるためです。その改善プロセスをフローチャートに示しました（図表5－1）。

実際にどのような作業を行ったのか、次ページより見ていきましょう。

図表5－1　自己分析を通じた投資手法の改善プロセス

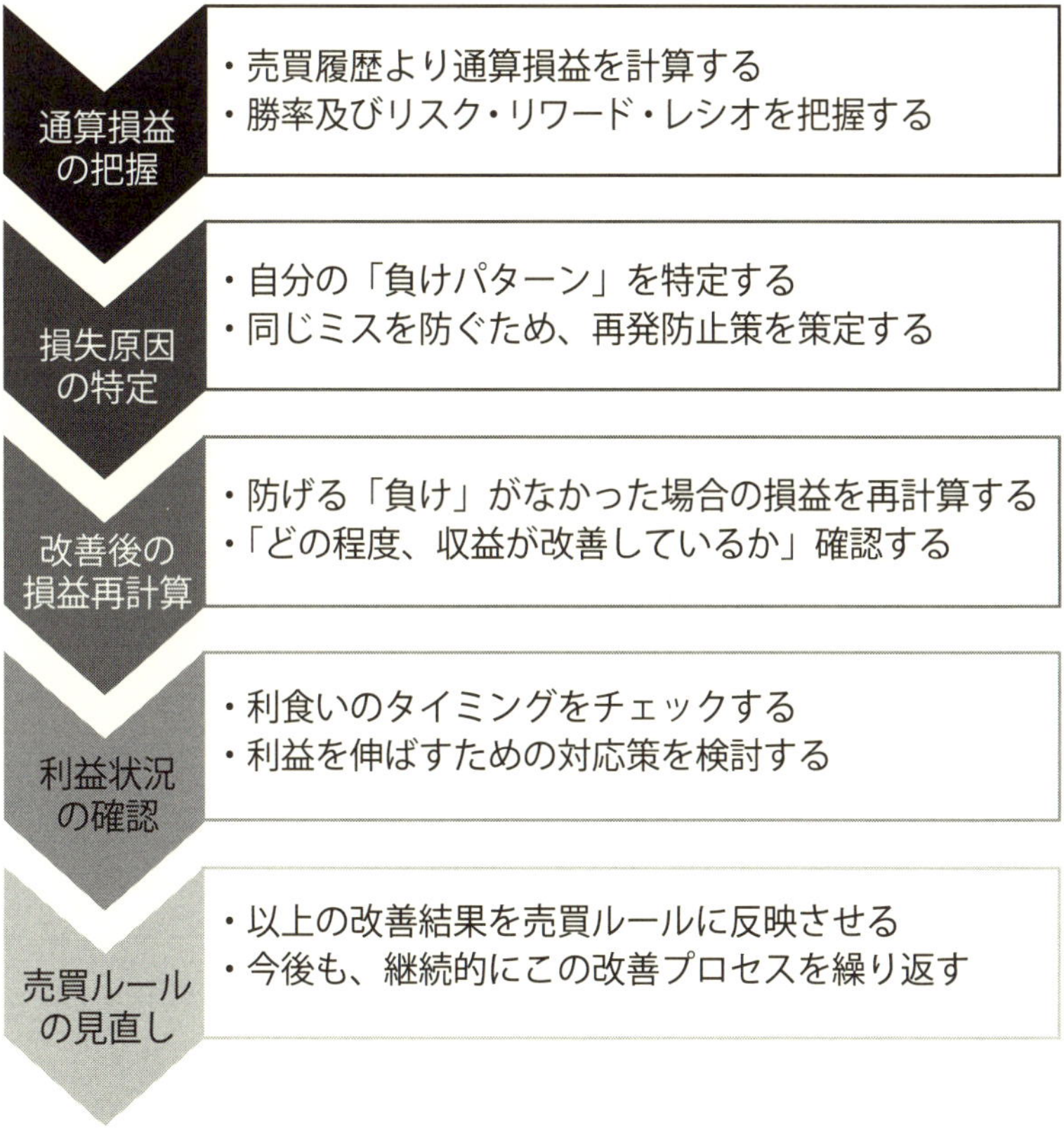

通算損益の把握	・売買履歴より通算損益を計算する ・勝率及びリスク・リワード・レシオを把握する
損失原因の特定	・自分の「負けパターン」を特定する ・同じミスを防ぐため、再発防止策を策定する
改善後の損益再計算	・防げる「負け」がなかった場合の損益を再計算する ・「どの程度、収益が改善しているか」確認する
利益状況の確認	・利食いのタイミングをチェックする ・利益を伸ばすための対応策を検討する
売買ルールの見直し	・以上の改善結果を売買ルールに反映させる ・今後も、継続的にこの改善プロセスを繰り返す

2 通算損益（勝率及びリスク・リワード・レシオ）を把握する

まず、通算損益を把握します。今まで、どの程度儲かっているのか、損しているのか、分かっていないければ話にならないからです。

◆「売買履歴一覧表」より通算損益を計算する

通算損益を把握するためには、「売買履歴一覧表」の作成が前提条件となります。面倒ですが、この作業は必ず行うようにしてください（書式は155～156ページにあります）。まったく手つかずの人は、とりあえず直近の1～2年分だけでも作成することをおすすめします。

「売買履歴一覧表」より、年ごとの勝ち数、負け数、利益額、損失額、損益額を求め、最後に通算します。なお、この表に含めるのは、年内に売却した銘柄の確定損益のみで、保有銘柄の評価損益は含みません。

ここで重要な指標は、勝率とリスク・リワード・レシオ（RRR:Risk Reward Ratio）です。なぜなら、この2つの組み合わせが「勝ち組」と「負け組」を分けるからです。

◆勝率は1勝1敗でも悪くない

勝率は投資を行った銘柄のうち、利食いで終わった割合を示しています。

高いに越したことはありませんが、勝ちにこだわりすぎるのも考えものです。マーケットには、絶対確実な状況など存在しないからです。

割り切った考え方をすれば、1勝1敗でも悪くないといえます。何度も引用して恐縮ですが、マーク・ミネルヴィニは著書『ミネルヴィニの成長株投資法』（パンローリング刊）で、次のように振り返っています。

> 私は30年間で何万回ものトレードを行ってきたが、利益をもたらすトレードを正しく選んだのは、そのうちの50％にすぎなかった。

もともとはプロのディーラー向けに書かれた、矢口新の著書『生き残りのディーリング』（パンローリング刊）の勝敗に関する記述も納得できるものです。

相場は売り買い一対で取引が成立します。考え方によっては、参加者の半分は常に間違えているのです。また、上げ下げの確率は五分と五分、買っても１０回のうち５回は下落します。

株式投資には見込み違いがつきものですし、こまめに損切りを行えば勝率自体も下がります。勝率2〜3割などと極端に悪い場合は、銘柄選択と売買タイミングの見直しが必要ですが、半分程度勝っているのであれば、まあ普通ではないでしょうか。

要するに勝率5割を目指すなら、2回に1回は負けることを前提にして、そうなっても困らないように投資の組み立てを考えればいいのです。

◆勝率以上に重要なリスク・リワード・レシオ

株式投資においては、勝率よりリスク・リワード・レシオのほうがはるかに重要です。リスク・リワード・レシオとは、トレードにおける損切りの幅と利食いの幅のバランス（報酬比率）のことです。

●リスク・リワード・レシオ＝1トレード当たりの平均利益÷平均損失

たとえ勝率が5割でも、リスク・リワード・レシオが1以上であれば、利益額が損失額を上回る状況を作り出すことができます。

逆に勝率が高くても、リスク・リワード・レシオが1を大きく割ってしまえば、損失額が利益額を上回る可能性があります。

第4章の157～158ページで解説した「ディスポジション効果」により、一般的な個人投資家は、儲かったときはわずかの利益で売ってしまい、損をしたときは持ち続ける傾向にあります。その場合、リスク・リワード・レシオは低くなりがちです。

◆筆者の勝率とリスク・リワード・レシオ

図表5－2は、筆者が投資を始めてからの、日本株個別銘柄の通算損益です。勝敗は263勝245敗で、勝率は51.8%です。皆さんの中には「株の本を書いているのに、たったそれだけしか勝てていないのか」と感じた人がいらっしゃるかもしれません。

ただ長年の経験からは、『生き残りのディーリング』の著者の指摘どおり、参加者の半分が常に間違えているマーケットでは、そんなものかなと思っています。

逆に、かろうじて5割を超えていたのは「単に運が良かっただけ」かもしれず、今後、投資を続けるにつれて、勝率が限りなく5割に近づく事態も起こりえると想定しています。もちろん、勝率を上げる努力は惜しまないつもりですが……。

一方、リスク・リワード・レシオの平均は2.25倍となっています。筆者が何とかやってこられたのは、たとえ1勝1敗ペースであっても、勝ちトレードの利益額が負けトレードの損失額の倍以上だったからでしょう。

図らずも、有名な投資格言「損は切って利を伸ばせ」を実践できたことにより、こうして生き残っているわけです。

というわけで、全体的にはさほど悪くないかもしれません。しかしながら、中には2008年のように、損失額が利益額を大きく上回る「二度とは引き起こしてはならない事態」も含まれています。また、

図表５－２　日本株個別銘柄の通算損益（１９９５年～２０１４年３月）

年	勝	負	勝率	トレード全体			1トレード当たり		
				利益額	損失額	損益額	利益額	損失額	RRR
1996	1	0	1.000	307,000	0	307,000	307,000		
1997	0	1	0.000	0	-314,000	-314,000		-314,000	
2001	2	5	0.286	539,958	-655,520	-115,562	269,979	-131,104	2.06
2002	3	9	0.250	722,976	-703,528	19,448	240,992	-78,170	3.08
2003	4	11	0.267	1,258,300	-1,026,280	232,020	314,575	-93,298	3.37
2004	24	4	0.857	8,191,830	-347,430	7,844,400	292,565	-86,858	3.37
2005	25	4	0.862	11,313,371	-478,525	10,834,846	452,535	-119,631	3.78
2006	20	17	0.541	11,667,209	-2,700,368	8,966,841	583,360	-158,845	3.67
2007	19	25	0.432	8,203,306	-4,895,030	3,308,276	431,753	-195,801	2.21
2008	14	51	0.215	3,218,833	-9,599,250	-6,380,417	229,917	-188,221	1.22
2009	11	10	0.524	784,450	-693,750	90,700	71,314	-69,375	1.03
2010	0	2	0.000	0	-57,790	-57,790		-28,895	
2011	33	41	0.446	1,773,059	-1,729,407	43,652	53,729	-42,181	1.27
2012	46	25	0.648	4,304,132	-691,799	3,612,333	93,569	-27,672	3.38
2013	41	18	0.695	6,662,371	-397,343	6,265,028	162,497	-22,075	7.36
2014	20	22	0.476	725,711	-465,293	260,418	36,286	-21,150	1.72
通算	263	245	0.518	59,672,506	-24,755,313	34,917,193	226,892	-101,042	2.25

注）ＲＲＲ：リスク・リワード・レシオ（Risk Reward Ratio）
年内に売却した銘柄の確定損益のみで、保有銘柄の評価損益は含まない
日本株個別銘柄のアクティブ運用のみ集計。売買ルールの異なる累積投資、ＥＴＦ、外国株などは除外している
１９９８～２０００年は売買なし

損失額の累計にしても、通算では２５００万円に迫っており、決して無視できません。
以上より、十分に改善の余地があり、見直しが必要といえます。

3 負けパターンを特定し、再発防止策を策定する

通算損益を把握できれば、続いて損失原因を特定します。傷口に塩を塗るような作業かもしれませんが、投資のパフォーマンスを改善するには、避けて通れないプロセスです。

◆「売買履歴一覧表」より敗因を分析する

損失原因を特定するためには、第４章の１５４ページで解説した「売買履歴一覧表」より「負け銘柄」を抜き出し、損失額の大きい順に並べ替えます。その後、損をした順番に、企業業績やチャートを確認し、当時の記憶を呼び起こして「なぜ、損をしたのか」の敗因を記入します（図表５－３）。

というのは、たいていの個人投資家はほんの数銘柄で大負けして、それらが足を引っ張っているからです。投資の世界に「たら・れば」は禁物とはいえ、もし「負け銘柄のワーストテン」がなければ、パ

図表５－３　損失額ワースト銘柄（上位２０銘柄のみ抜粋）

	コード	銘柄	株数	売り			買い		損益額	損益率	保有日数	敗因
				約定日	売却代金	手数料	約定日	取得金額				
1	8980	LCP投資法人	6	2007/8/17	2,661,000	1,500	2007/2/26	3,246,950	-587,450	-18.1%	172	配当生活
2	4329	ワークスアプリケーションズ	22	2008/10/24	1,518,000	1,500	2008/10/14	2,047,500	-531,000	-25.9%	10	バンザイ突撃
3	8564	武富士	400	2007/8/16	1,320,000	950	2007/2/26	1,833,500	-514,450	-28.1%	171	配当生活
4	7839	ＳＨＯＥＩ	1,700	2008/10/24	1,498,300	950	2008/10/14	1,954,750	-457,400	-23.4%	10	バンザイ突撃
5	8803	平和不動産	8,000	2008/10/24	1,848,500	1,500	2008/10/14	2,297,500	-450,500	-19.6%	10	バンザイ突撃
6	2768	双日	2,000	2006/5/30	1,024,000	1,050	2006/1/16	1,447,050	-424,100	-29.3%	134	ダボハゼ
7	4290	プレステージ・インターナショナル	22	2008/10/28	1,617,500	1,500	2008/10/14	2,014,500	-398,500	-19.8%	14	バンザイ突撃
8	9735	セコム	500	2008/10/29	1,415,000	1,500	2008/10/14	1,796,500	-383,000	-21.3%	15	バンザイ突撃
9	8584	ジャックス	12,000	2008/10/24	1,920,000	1,500	2008/10/14	2,269,500	-351,000	-15.5%	10	バンザイ突撃
10	4151	協和醗酵工業	5,000	2007/10/23	6,660,000	1,500	2007/10/22	7,006,500	-348,000	-5.0%	1	毒まんじゅう
11	8515	アイフル	350	2007/8/16	871,500	800	2007/3/28	1,201,450	-330,750	-27.5%	141	コバンザメ
12	7309	シマノ	600	2008/10/24	1,569,000	1,500	2008/10/14	1,897,500	-330,000	-17.4%	10	バンザイ突撃
13	3529	アツギ	20,000	2008/10/28	1,780,000	1,500	2008/10/14	2,101,500	-323,000	-15.4%	14	バンザイ突撃
14	8574	プロミス	300	2007/8/16	939,000	800	2007/3/29	1,257,950	-319,750	-25.4%	140	コバンザメ
15	8697	大阪証券取引所	7	2008/10/24	1,728,300	1,500	2008/10/14	2,045,500	-318,700	-15.6%	10	バンザイ突撃
16	8306	三菱UFJフィナンシャル・グループ	3,000	2008/11/19	1,578,000	1,500	2008/10/29	1,894,500	-318,000	-16.8%	21	バンザイ突撃
17	9980	マルコ	100	1997/2/13	135,000		1996/10/29	449,000	-314,000	-69.9%	107	ドン・キホーテ
18	1343	東証ＲＥＩＴＥＴＦ	2,000	2008/10/28	1,490,000	1,500	2008/10/21	1,797,500	-309,000	-17.2%	7	バンザイ突撃
19	7927	ムトー精工	1,000	2005/5/16	1,380,400	1,155	2005/3/7	1,686,680	-307,435	-18.2%	70	ダボハゼ
20	7564	ワークマン	1,000	2007/12/20	1,805,100	1,500	2006/8/7	2,106,880	-303,280	-14.4%	500	大局観なし
		合計			34,758,600	25,205		42,352,710	-7,619,315		1,567	
		平均			1,737,930			2,117,636	-380,966	-18.0%	78	

フォーマンスも相当に違ってきていたはずです。

なお、この作業の目的は自分の「負けパターン」を見つけることですから、敗因もできるだけパターン化するようにしてください。

筆者が、20年間の売買履歴より、損失額ワースト100銘柄の敗因を分析してみたところ「負けパターン」は次の7つでした。出現頻度は、図表5－4のとおりです。本当に運が悪かった「止むを得ない」はたったの4％で、残りの96％には明確な敗因がありました。

①バンザイ突撃　・・・負けが込んだ後、一発逆転を狙った勝負に出る
②ダボハゼ・・・・・・「あれもこれも」と欲張り、あまり詳しくない銘柄に手を出す
③大局観なし・・・・・相場が天井圏にもかかわらず、買い持ちしようとする
④配当生活・・・・・・配当金で生活しようとして、高配当銘柄に目がくらむ
⑤ドン・キホーテ・・・下げ続けている銘柄を買い向かう
⑥毒まんじゅう・・・・他人の推奨銘柄をつい買ってしまう
⑦コバンザメ・・・・・バリューファンドの買っている銘柄に追随して失敗

図表５－４　「負けパターン」別　損失割合

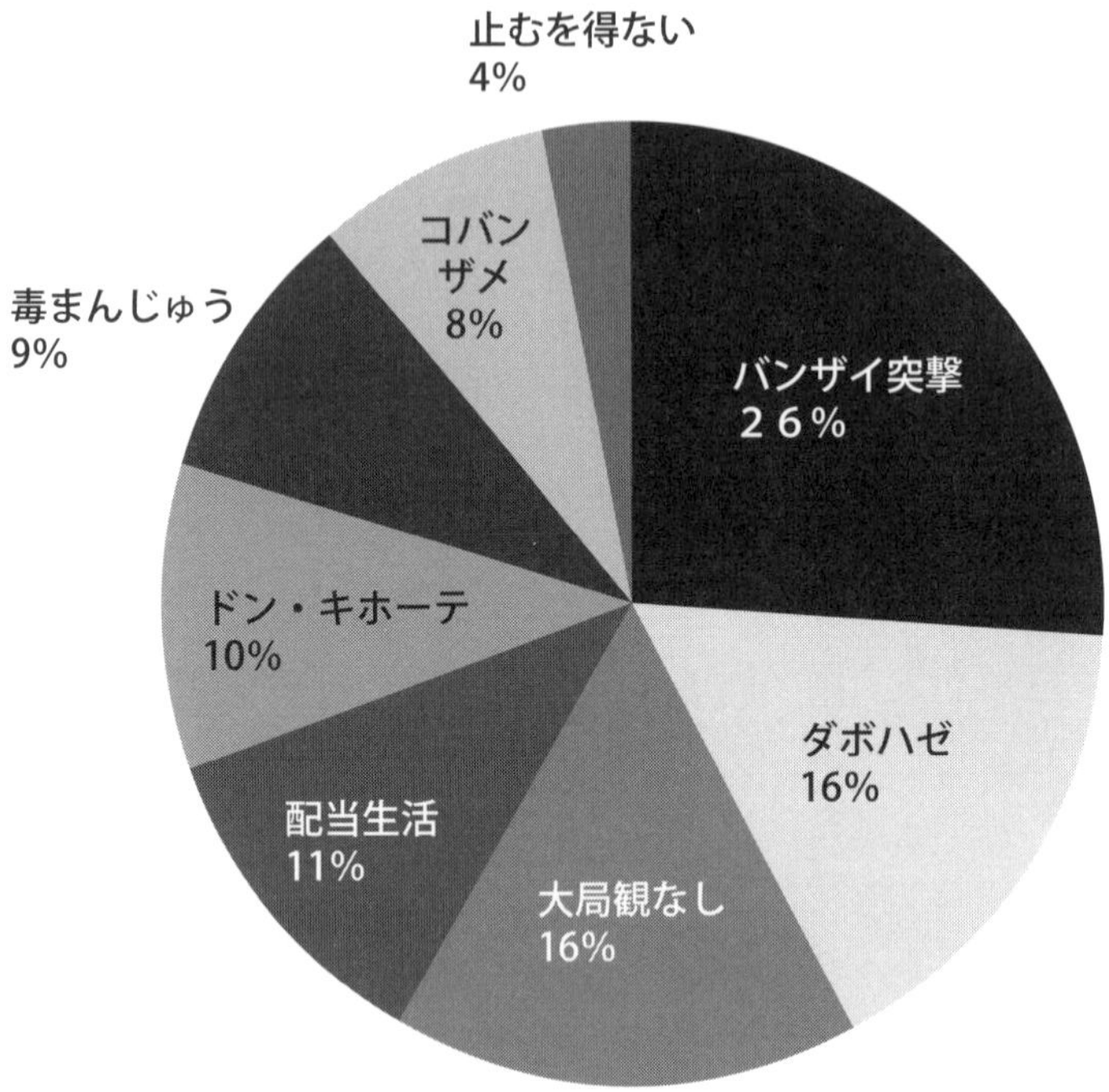

◆２００８年１０月１４日の「バンザイ突撃」

先ほど「たいていの個人投資家はほんの数銘柄で大負けして、それらが足を引っ張っている」と書きました。筆者の場合は、２００８年１０月１４日の「バンザイ突撃」が足を引っ張っています。

このときは、リーマンショックで日経平均が急落する最中、それまでの負けを取り返そうと、一発逆転の勝負に出ました。何を血迷ったのか、新築一戸建てが買えるような額を投入したのです。

相場の大底は過ぎ去ってみないと分からないため、このような局面で逆張りを行う場合、少しずつ資金を投入するのがセオリーです。一気に買い向かうのは、太平洋戦争で窮地に追い込まれた旧日本軍が行ったバンザイ突撃のようなもので、玉砕必至です。

結果は言わずもがなで、日経平均は７０００円を割ろうかという水準まで下落します。思いもよらぬ事態に身の危険すら感じ、ほぼ大底で投げました（図表５－５）。

たった１０日間で４６８万円の損失。この額は、２００８年の損失額の４８・８％、２０年間の損失額の１８・９％に当たります。

この遠因を振り返ってみると、もともとは２００３年から２００５年にかけての快進撃にありました。当時は何を買っても上がる相場で己のパフォーマンスに酔ってしまい、売買が雑になっていたのです。

２００６年ごろから、危険な兆候が出始めていたのですが、トータルでは大きな損失につながらなかったため、根本的な対応を行いませんでした。そのつけが一気にきたわけです。

図表5－5　2008年10月14日　「負け」銘柄一覧

	コード	銘柄	株数	売り				買い				損益額	損益率	保有日数
				約定日	売値	売却代金	手数料	約定日	買値	手数料	取得金額			
1	4329	ワークスアプリケーションズ	22	2008/10/24	69,000	1,518,000	1,500	2008/10/14	93,000	1500	2,047,500	-531,000	-25.9%	10
2	7839	ＳＨＯＥＩ	1,700	2008/10/24	881	1,498,300	950	2008/10/14	1,050	250	1,954,750	-457,400	-23.4%	10
3	8803	平和不動産	8,000	2008/10/24	231	1,848,500	1,500	2008/10/14	287	1500	2,297,500	-450,500	-19.6%	10
4	8697	大阪証券取引所	7	2008/10/24	246,900	1,728,300	1,500	2008/10/14	292,000	1500	2,045,500	-318,700	-15.6%	10
5	8584	ジャックス	12,000	2008/10/24	160	1,920,000	1,500	2008/10/14	189	1500	2,269,500	-351,000	-15.5%	10
6	7309	シマノ	600	2008/10/24	2,615	1,569,000	1,500	2008/10/14	3,160	1500	1,897,500	-330,000	-17.4%	10
7	8591	オリックス	160	2008/10/24	10,870	1,739,200	1,500	2008/10/14	12,710	1500	2,035,100	-297,400	-14.6%	10
8	8306	三菱UFJフィナンシャル・グループ	2,600	2008/10/24	696	1,809,600	1,500	2008/10/14	810	1500	2,107,500	-299,400	-14.2%	10
9	6752	パナソニック	1,000	2008/10/24	1,356	1,356,000	1,500	2008/10/14	1,625	1500	1,626,500	-272,000	-16.7%	10
10	4290	プレステージ・インターナショナル	22	2008/10/28	73,522	1,617,500	1,500	2008/10/14	91,500	1500	2,014,500	-398,500	-19.8%	14
11	3529	アツギ	20,000	2008/10/28	89	1,780,000	1,500	2008/10/14	105	1500	2,101,500	-323,000	-15.4%	14
12	9735	セコム	500	2008/10/29	2,830	1,415,000	1,500	2008/10/14	3,590	1500	1,796,500	-383,000	-21.3%	15
13	4708	もしもしホットライン	900	2008/11/6	1,965	1,768,500	1,500	2008/10/14	2,260	1500	2,035,500	-268,500	-13.2%	23
		合計				21,567,900	18,950				26,229,350	-4,680,400		156
		平均									2,017,642	-360,031	-17.8%	12

要するに「バンザイ突撃」せざるを得なくなったことが問題であり、二度とそのような状況に追い込まれてはなりません。

◆実際には本人の行動に問題があり、損をしていた

このように改めて自分の投資を振り返ってみれば、嫌悪感にさいなまれます。何度も同じパターンでやられているからです。しかも知識不足というより、本人の行動に問題があり、損失を計上しているケースも少なくありませんでした。

根底には「どんな相場であっても、常に株を買って儲けよう」という貪欲さや「ホームページでパフォーマンスを公開しているので、もっと儲けなければカッコ悪い」という見栄があったように思います。

そういった心理が安易な投資姿勢につながり、同じパターンで何度も負けてしまいました。

また損が出たとしても、もっと早めにロスカットしていれば、損失の拡大を食い止めることができたはずです。自分の間違いを認めたくなかったばかりに「こんなに下げるのはおかしい」と頑張った銘柄ほど、損切りが遅れ、ひどい結果に終わっています。

◆同じミスを防ぐため、再発防止策を策定する

自分の「負けパターン」を見つけることができたら、次は同じ過ちを繰り返さないようにするため、具体的な再発防止策を策定します。筆者の場合、次の8項目です。

①投資対象を絞り込み、原則として、得意分野である内需関連の安定成長株に投資する。また、銘柄数に上限を設け、15銘柄程度に抑える

↓

「ダボハゼ」「毒まんじゅう」「コバンザメ」を防止

②儲かりはじめたとたん、つい調子に乗り、あれもこれもと手を出してしまう人間の本性を理解する。そのうえでウォッチリストに掲載している銘柄以外は、売買しない

↓

「ダボハゼ」の防止に役立てる

③他人の推奨銘柄に追随することで損した場合、「自分は悪くない」と責任を転嫁し、精神的苦痛から逃れようとする人間の本質をわきまえる。そのうえで、ネットの掲示板や個人投資家のブログを見ない

↓

「毒まんじゅう」「コバンザメ」の防止に役立てる

④マクロ経済分析を取り入れ、かつテクニカル分析を併用する

↓

「大局観なし」「ドン・キホーテ」を防止

⑤2008年の損失を受け、作成済みである「下げ続けている銘柄を買い向かわない」という投資ルールを遵守する

↓

「ドン・キホーテ」を防止

⑥銘柄選択において、配当利回りを最優先にしない

↓

「配当生活」を防止

⑦2008年の損失を受け、作成済みであるロスカットルールを遵守する

↓

「バンザイ突撃」を防止

⑧念のため、年初からのリターンがマイナス10%を超えた場合、その年の投資を中止するサーキットブレーカー機能を組み入れる

↓

「バンザイ突撃」を防止

4 改善後の損益をシミュレーションする

ここまでの対応により、損失は大幅に減るはずです。どの程度の効果があるかを確認するため、大雑把でかまいませんから、改善後の損益を再計算してみると一目瞭然です。

◆3つのケースでシミュレーション

筆者は、3つのケースでシミュレーションしてみました。「負けパターン」は7つでしたが、本質的な原因は「常に株を持ち、儲けようとする」「損切りが遅れる」でしたので、その部分についての試算を行いました。いずれも、損益が大幅に改善しています（図表5－6）。

●買値の10％で損切りした場合

●買値の7%で損切りした場合
●2008年に売買を休んだ場合

まず、損失を計上した銘柄について、買値の10%でロスカットできた場合は、損失額が2476万円から1629万円にまで減少します。その結果、損益額も3492万円から4338万円に増えます。

続いて、買値の7%でロスカットできた場合は、損失額が2476万円から1266万円にまで半減します。その結果、損益額も3492万円から4701万円に増えます。

最後に、ひどい相場だった2008年に売買を休んだ場合は、利益額が5967万円から5645万円まで減少するものの、損失額が2476万円から1516万円まで大幅に改善します。その結果、損益額も3492万円から4130万円に増えます。

◆数字で見せられると、改善せざるを得ない

筆者がこまめな損切りをできるようになったのは、20年近い投資歴の中では、つい最近のことです。初心者時代は塩漬けのまま持ち続けたり、損切りが遅れたりしました。

さらに以前は相場の状況に関係なく、株を買っていました。そのため、下落相場では苦戦を強いられました。

図表５－６　ケース別　損益額シミュレーション

買値の10%で損切りした場合

	勝	負	勝率	利益額	損失額	損益額
改善前	263	245	0.518	59,672,506	−24,755,313	34,917,193
改善後	263	245	0.518	59,672,506	−16,290,683	43,381,823
差額					8,464,630	8,464,630

買値の7%で損切りした場合

	勝	負	勝率	利益額	損失額	損益額
改善前	263	245	0.518	59,672,506	−24,755,313	34,917,193
改善後	263	245	0.518	59,672,506	−12,662,767	47,009,739
差額					12,092,546	12,092,546

2008年に売買を休んだ場合

	勝	負	勝率	利益額	損失額	損益額
改善前	263	245	0.518	59,672,506	−24,755,313	34,917,193
改善後	249	194	0.562	56,453,673	−15,156,063	41,297,610
差額	−14	−51	0.044	−3,218,833	9,599,250	6,380,417

そういったことに薄々は気づいていましたが、改めて数字で見せつけられると「当初から、もっと早めにロスカットしておけばよかった」「下げ相場を買い向かうべきではなかった」と強く感じました。今では、「今後は同じミスを繰り返してはならない」という決意を新たにしています。

なお、通算損益がマイナスの場合は、どこまで改善すればプラスになるのか、シミュレーションしてください。机上の損益がプラスにならない限り、実戦でプラスになることはありえません（スポーツにおいて、練習でできないことが試合でできないのと同じです）。

5
利益を伸ばすための対応策を検討する

損失についての対応が終われば、今度は「もっと利益を伸ばせなかったのか」を検討します。

◆利益額を重視するか、リスク管理を優先するか

エクセルの売買履歴より「勝ち銘柄」を抜き出し、利益額の大きい順に並べ替えます。その後、チャートなどを参考に、利食いのタイミングについて「売り急ぎだったか、ほぼＯＫだったか、売り遅れだったか」を記入します（図表５－７）。

筆者は、２００８年を境に、売買手法を変更しています。

２００８年までは、マクロ経済分析やテクニカル分析をほとんど行わず、ファンダメンタル分析メインで投資を行ってきました。銘柄についても利益成長が続く限り、なるべく長く持ちたいという方針で

図表５－７　利益額ベスト銘柄（上位２０銘柄のみ抜粋）

	コード	銘柄	株数	売り 約定日	売り 売却代金	売り 手数料	買い 約定日	買い 取得金額	損益額	損益率	保有日数	利食い
1	8868	アーバンコーポレイション	500	2006/2/20	4,105,000	2,625	2004/10/19	1,557,890	2,544,485	163.3%	489	売り遅れ
2	8898	センチュリー２１・ジャパン	1	2006/1/10	3,350,000	1,575	2005/5/2	1,681,680	1,666,745	99.1%	253	ほぼＯＫ
3	4298	プロトコーポレーション	1,200	2008/9/29	2,853,000	2,400	2005/10/4	1,197,260	1,653,340	138.1%	1,091	売り遅れ
4	8907	フージャースコーポレーション	21	2006/12/1	3,231,000	2,350	2004/10/24	1,751,421	1,477,229	84.3%	768	売り遅れ
5	7839	SHOEI	1,300	2007/5/18	3,641,000	3,100	2005/2/7	2,240,830	1,397,070	62.3%	830	売り急ぎ
6	8567	クレディア	500	2005/8/19	2,120,000	945	2004/5/24	810,765	1,308,290	161.4%	452	
7	6423	アビリット	1,000	2005/2/14	2,197,500	1,890	2004/12/1	924,872	1,270,738	137.4%	75	売り急ぎ
8	8514	アース	3,000	2005/11/29	2,460,000	1,575	2005/11/4	1,246,050	1,212,375	97.3%	25	売り急ぎ
9	9843	ニトリ	384	2004/9/17	2,630,000	15,639	2002/8/14	1,492,038	1,122,323	75.2%	765	売り急ぎ
10	2337	アセット・マネジャーズ	6	2006/2/20	3,229,000	2,415	2004/10/20	2,124,360	1,102,225	51.9%	488	売り遅れ
11	8898	センチュリー21・ジャパン	1	2004/5/10	1,930,000	10,334	2003/10/28	824,950	1,094,716	132.7%	195	ほぼＯＫ
12	4705	クリップ	2,000	2005/8/5	2,892,100	2,835	2004/4/12	1,911,929	977,336	51.1%	480	売り遅れ
13	8902	パシフィックマネジメント	9	2006/2/20	2,286,000	1,575	2005/7/6	1,375,155	909,270	66.1%	229	売り遅れ
14	4680	ラウンドワン	6	2004/8/25	1,344,000	5,273	2002/11/7	516,064	822,663	159.4%	657	売り急ぎ
15	9732	東映ラボ・テック	5,000	2006/6/26	2,720,000	1,890	2005/10/11	1,906,682	811,428	42.6%	258	売り遅れ
16	8692	だいこう証券ビジネス	2,400	2013/2/18	1,557,600	967	2012/11/19	745,376	811,257	108.8%	91	ほぼＯＫ
17	8958	グローバル・ワン不動産投資法人	2	2007/3/26	2,850,000	1,900	2006/5/9	2,042,100	806,000	39.5%	321	売り急ぎ
18	2227	三星食品	800	2005/9/16	2,138,000	945	2004/12/21	1,352,648	784,407	58.0%	269	
19	4298	プロトコーポレーション	600	2007/3/27	1,362,000	945	2005/10/4	598,630	762,425	127.4%	539	売り急ぎ
20	2782	セリア	7	2005/11/7	2,708,000	2,625	2005/8/3	1,957,100	748,275	38.2%	96	売り急ぎ
		合計			51,604,200	63,803		28,257,800	23,282,597		8,371	
		平均			2,580,210			1,412,890	1,164,130	82.4%	419	

した。

　ゆえに相場の動向や株価の値動きに鈍感で、少々の値下がりを気にせず持ち続けることができました。強気相場では、１００％以上のリターンを達成できた銘柄も少なくありません。また、自信のある銘柄には大きなポジションを取っていたことから、利益額も稼げています。

　一方、チャートを見ていなかったことから、利食いのタイミングがなっておらず、「売り急ぎ」や「売り遅れ」が日常茶飯事でした。中には、買値から倍近くまで上昇したにもかかわらず、最終的には損切りで終わった銘柄もあります。

　２００９年以降は、テクニカル分析を取り入れ、２０１２年頃から移動平均線を用いた売買が安定してきました。上昇トレンド継続中の「やさしい相場」でのみ、株を持とうという考え方です。

　その結果、大きな損を出すことがなくなったものの、株価の一時的な調整局面で振り落とされてしまうという問題が生じています。

　さらに分散投資を徹底したため、1銘柄当たりのポジションが限定されてしまい、利益額も少なくなってしまいました。

　そのため、利益額上位を昔の銘柄が占めるという皮肉な結果となっています。それぞれの手法に一長一短があり、利益額を重視するか、リスク管理を優先するか、そのバランスに悩みます。

◆リスクを抑え、利益を伸ばすには

「リスクを抑えたまま、利益を伸ばす」という、そんなうまい話はないのかもしれませんが、現状のままで利益を伸ばす対応策を考えてみました。次の3つです。

①銘柄を絞り込み、それなりの額のポジションを取る。これにより、利益の絶対額を増やし、利益を伸ばす

②株価の一時的な調整局面にて、振り落とされずになるべく粘れるようにする。これにより、上昇トレンドに乗れる期間　を長くして、利益を伸ばす

③テクニカル的な要因で振り落とされた場合、再エントリーできるようにする。これにより、再び上昇トレンドに乗れるようにして、利益を伸ばす

◆どれだけ利益を伸ばせるか、シミュレーションで確認する

続いて、テクニカル分析を併用した投資手法が軌道に乗り出した2012年と2013年について、

シミュレーションを行ってみました（図表5－8）。

●2012年に利益を伸ばせた場合
●2013年に利益を伸ばせた場合

　2012年は、チャートを無視して買った1銘柄を除外し、調整局面で売ってしまった2銘柄をそのまま持ち続けた場合、利益額が430万円から749万円まで増えます。損失額も少し減らすことができたので、損益額も361万円から683万円にまで改善します（申し訳ありませんが、具体的な銘柄名については非公表とさせてください）。

　2013年は、2月中旬の調整局面で振り落とされた銘柄について、高配当・優待銘柄は3月末の権利日直前まで、成長株は上昇トレンドの崩れた5月末まで持ち続けた場合、利益額が666万円から1467万円まで増えます。損失額も減らすことができ、損益額は627万円から1444万円まで改善します。

　もちろん、これらは後出しジャンケンに過ぎません。ただ、少しでも「利益を伸ばそう」という意識を持ち、対応策を部分的にでも実行できれば、多少はパフォーマンスの向上に結びつくと考えて間違いないでしょう。

図表５－８　ケース別　損益額シミュレーション

2012年に利益を伸ばせた場合

	勝	負	勝率	利益額	損失額	損益額
改善前	46	25	0.648	4,304,132	−691,799	3,612,333
改善後	47	24	0.662	7,493,735	−660,002	6,833,733
差額	1	−1	0.014	3,189,603	31,797	3,221,400

2013年に利益を伸ばせた場合

	勝	負	勝率	利益額	損失額	損益額
改善前	41	18	0.695	6,662,371	−397,343	6,265,028
改善後	49	10	0.831	14,670,068	−234,340	14,435,728
差額	8	−8	0.136	8,007,697	163,003	8,170,700

6

今回の改善結果を売買ルールに反映させる

最後に、売買ルールを見直して、一連のプロセスは完了です。

◆今回の結果を売買ルールに反映させる

以上の結果をふまえて、売買ルールを見直します。具体的には、184~186ページで策定した「損失を防ぐための再発防止策」、194ページで策定した「利益を伸ばすための対応策」を売買ルールに組み入れます。

筆者の場合、次の11項目が売買ルールに反映されることになります。もし、売買ルールを作成していないのであれば、この機会に整備してください。

①投資対象を絞り込み、原則として得意分野である内需関連の安定成長株に投資する

②銘柄数に上限を設け、15銘柄程度に抑える

③ウォッチリストに掲載している銘柄以外は売買しない

④ネットの掲示板や個人投資家のブログを見ない

⑤マクロ経済分析を取り入れ、参考にする

⑥テクニカル分析を併用する

⑦下げ続けている銘柄を買い向かわない（作成済みであるが再確認）

⑧銘柄選択において、配当利回りを最優先しない

⑨ロスカットルールを遵守する（作成済みであるが再確認）
⑩テクニカル的な要因で振り落とされた場合、再エントリーOKとする
⑪年初からのリターンがマイナス10％を超えた場合、その年の投資を中止する

◆今後も、この改善プロセスを継続する

自己分析と投資手法の改善は、1回限りの作業ではありません。今後も、継続的にこの改善プロセスを繰り返す必要があります。そうすることで、少しずつでも、投資のパフォーマンスを高めていくという、地道な努力を続けたいものです。

タイミングとしては、次の3つが考えられます。

- ●まとまった時間の取れる年末年始など
- ●大きな損失を計上したとき
- ●新たに試してみたい投資手法が見つかったとき

第6章

株式投資の奥義は「勝ち逃げ」にあり

――20年にわたる筆者の実体験をもとに

1 言うは易し、行うは難しの「勝ち逃げ」

ここまで読んでいただき、ありがとうございました。最終章では、株式投資の極意である「勝ち逃げ」について、筆者の投資経験を元に取り上げます。

◆株式投資の奥義は「勝ち逃げ」にあり

株で儲ける秘訣を一言で表せば、次のとおりです。

勝ち逃げができること

株式投資には、デイトレと長期投資、トレンド追随型（順張り型）と逆張り型、バリュー投資とモメンタム投資など、相反する投資手法があります。

しかし、どのようなやり方を採用しても、勝ち逃げができなければ、株の儲けは残りません。

そのためには、自分なりに「どうやって勝ち逃げすべきか」を考えながら、投資を組み立てていく必要があります。

◆そう簡単には「勝ち逃げ」させてもらえない

筆者は「勝ち逃げ」という株式投資の奥義が理解できるまで、20年近くの歳月を要しました。その中で、3回の強気相場を経験しています。

●ITバブル（1999年）
●小泉相場（2003～2005年）
●アベノミクス相場（2013年～）

最初に経験した強気相場は、1999年のITバブルでした。ITバブルでは「株は持ち続けるもの」という初心者時代の考えを引きずっていたため、まったく勝ち逃げできませんでした。

信じられないことに、1円も儲けていないのです。それどころか、高値で株を買ってしまい、悩みの種を増やしてしまいます。

2回目は、2003年から2005年にかけての小泉相場でした。小泉相場では、ITバブルの苦い教訓を活かし、いったんは勝ち逃げできました。

その後、株価が安値をつけるまで待てれば良かったのですが、投資を休むことができず、他の銘柄に乗り換えてしまいました。結局、利益の大半を2008年秋のリーマンショックで失ってしまいます。

3回目は、2013年のアベノミクス相場です。アベノミクス相場には、リーマンショックの反省を徹底的に行って臨んだつもりでした。新たに、マクロ経済分析やテクニカル分析といった武器も用意しました。

ところが、テクニカル分析を用い、株価の細かい値動きを気にしたことで、大魚を逃してしまいました。一応、勝ち逃げはできたのですが、売った時期があまりに早すぎました。

というわけで、少しずつ勝ち逃げできるようにはなっているものの、いまだ発展途上です。次はもっとうまくやりたいと思っています。

次ページより、筆者の拙い体験談を披露しますので、他山の石としてください。また、皆さんが勝ち逃げについて考えるきっかけとなれば幸いです。

2 1円たりとも儲けることができなかったITバブル

筆者の初めて経験した強気相場が、今でも語り草となっているITバブルです。

◆ITバブルで、含み益にニンマリ

当時のことはあまり覚えていないのですが、世の中がITバブルに沸いていた1999年末、筆者はにんまりとしていたに違いありません。

というのも、1997年秋のアジア通貨危機以降、塩漬けになっていた持株の大半が買値を回復するどころか、大幅な含み益に転じていたからです。その中でも、新興市場の雄だったJAFCOは、買値の6030円に対して、1999年12月29日の株価が3万4900円と、5倍以上に値上がりしていました。

図表６－１　１９９９年１２月末の投資損益

	コード	銘柄	株数	買付単価	買付金額	株価12/29	評価額	損益額	損益率	備考
1		ミリオン	93	6,182	574,000	6,320	586,841	12,841	2.2	継続
2		自社株	1,006	951	957,000	390	392,331	-564,669	-59.0	売却
3	6861	キーエンス	12	16,280	200,000	42,500	522,114	322,114	161.1	買増
4	8564	武富士	98	5,608	549,600	12,660	1,240,680	691,080	125.7	買増
5	8574	プロミス	132	2,992	395,000	5,150	679,800	284,800	72.1	売却
6	8577	日栄	19	10,270	200,000	2,100	40,897	-159,103	-79.6	買増
7	8595	JAFCO	100	6,030	603,000	34,900	3,490,000	2,887,000	478.8	売却
8	8603	日興證券	900	690	621,200	1,230	1,107,000	485,800	78.2	売却
9	9074	日本石油輸送	650	406	263,700	205	133,250	-130,450	-49.5	売却
10	9629	PCA	100	3,000	300,000	5,450	545,000	245,000	81.7	売却
11	9677	日本ジャンボー	200	1,971	394,200	750	150,000	-244,200	-61.9	売却
12	9843	ニトリ	200	1,397	280,000	4,190	840,040	560,040	200.0	継続
13	9945	プレナス	76	3,704	280,000	6,500	491,392	211,392	75.5	継続
14	9952	ドトール	80	3,871	309,700	8,500	680,000	370,300	119.6	継続
15	9989	サンドラッグ	160	2,310	369,600	7,050	1,128,000	758,400	205.2	継続
		合計			6,297,000		12,027,346	5,730,346	91.0	

図表6－1の備考欄は、昔のノートに記されていた、このときの投資判断です。ITバブルで値を飛ばした「勝ち組」グループのJAFCOやPCAなどを利食い、大きな損失を計上している「負け組」グループの日本石油輸送や日本ジャンボー（上場廃止）他を損切りする予定でした。

◆一転して取らぬ狸の皮算用に

しかしながら、思考と行動との間には、大きな隔たりがありました。せっかくの計画も、絵に描いた餅に終わってしまいます。

ITバブル崩壊が明らかになった1年後の2000年末までに、持株の売却はいっさい行っていませんでした。逆に、当時の花形銘柄であったロームと日本テレビ放送網を新規で買い付けています。両銘柄とも見事な高値づかみとなりました（図表6－2）。

さらに持株の値下がりにより、1年前に573万円もあった含み益が68万円まで減っています。とりわけ、JAFCOの含み益は289万円から45万円にまで減少、含み益の出ていたPCAは含み損に転落しました。

株価はこの年だけでなく、2001年、2002年と3年連続で値下がりします。勝ち逃げができなかったばかりに、儲け損なっただけでなく、持株の下落に苦しむことになりました。

図表6－2　2000年12月末の投資損益

	コード	銘柄	株数	買付単価	買付金額	株価12/29	評価額	損益額	損益率	備考
1		ミリオン	111	6,097	679,000	4,607	513,089	-165,911	-24.4	
2		自社株	1,190	850	1,011,000	364	432,979	-578,021	-57.2	
3	6861	キーエンス	29	21,765	623,100	28,000	801,599	178,499	28.6	
4	6963	ローム	30	25,070	752,100	21,700	651,000	-101,100	-13.4	新規
5	8564	武富士	138	6,841	944,000	7,200	993,600	49,600	5.3	
6	8574	プロミス	132	2,992	395,000	8,100	1,069,200	674,200	170.7	
7	8577	日栄	113	3,193	360,000	607	68,431	-291,569	-81.0	
8	8595	JAFCO	100	6,030	603,000	10,500	1,050,000	447,000	74.1	
9	8603	日興証券	900	690	621,200	885	796,500	175,300	28.2	
10	9074	日本石油輸送	650	406	263,700	180	117,000	-146,700	-55.6	
11	9404	日本テレビ放送網	3	41,250	123,750	38,700	116,100	-7,650	-6.2	新規
12	9629	PCA	130	2,308	300,000	1,280	166,400	-133,600	-44.5	
13	9677	ジャンボー	200	1,971	394,200	500	100,000	-294,200	-74.6	
14	9843	ニトリ	211	1,467	310,000	2,690	568,541	258,541	83.4	
15	9945	プレナス	151	2,905	439,000	3,680	556,130	117,130	26.7	
16	9952	ドトール	80	3,871	309,700	7,800	624,000	314,300	101.5	
17	9989	サンドラッグ	180	2,664	479,600	3,700	666,000	186,400	38.9	
		合計			8,608,350		9,290,569	682,219	7.9	

◆ITバブルとその崩壊過程で学んだ教訓

結局、ITバブルでは、1円たりとも儲けることができませんでした。「長期投資といえども、しかるべき時期に売らなければ儲からない」という当たり前のことを、身をもって知らされたわけです。また、明らかな投資の失敗である塩漬け株を持ち続けたところで、何の慰めにもならないことも分かりました。2000年12月末に含み損を抱えていた銘柄は、2001年から2002年にかけて、損切りする羽目に陥ります。

中には、PCAや日本ジャンボーのように、買値の半分以下で売ることになった銘柄もありました。

●PCA　　　　：買値2308円 → 売値1036円　※2000年5月に1：1.3の株式分割を行っている
●日本ジャンボー：買値1971円 → 売値555円

一方で教訓も得ました。高い授業料を払ったことで「株は持ち続けるもの」という初心者時代の考え方から脱することができたのです。

3 ＩＴバブルの教訓が活きたライブドアショック

続いてやってきた強気相場は、戦後最大の株式投資ブームとうたわれた小泉相場でした。

◆戦後最大の株式投資ブーム

２００５年、株式市場は久しぶりに活況を呈していました。戦後、東証が再開されたときから株式投資を行っていたベテラン投資家が「このような老若男女を問わない全員参加型の相場は初めてだ」と驚いていたほどです。

この年の年末、筆者は有頂天でした。著書の『超特価バリュー株「福袋銘柄」で儲ける週末投資術』『株価４倍「割安成長株」で儲ける収益バリュー投資術』（いずれも秀和システム刊、現在では絶版）が相次いでベストセラーとなり、念願の独立開業を果たすことができたからです。

投資のほうも、まさに絶好調といっていい状況でした。２００1年から2００2年にかけて損切りを決行し、銘柄を入れ替えながら相場にとどまっていたため、２００3年からの強気相場に初動より乗ることができました。

持株の中では、アセット・マネジャーズ（現・いちごＧＨ）やアーバンコーポレーション（経営破たんにより上場廃止）、フージャースコーポレーション（現・フージャースＨＤ）など、新興不動産企業の値上がりが顕著です（図表6－3）。

小泉相場では、新興不動産企業が主導株でした。この手の銘柄に集中投資を行っていた個人投資家は、目を見張るパフォーマンスを達成して、カリスマ扱いされていました。

◆肌で感じていた、バブルの再現

ただ、このときの熱狂がＩＴバブルの再現であることを、筆者自身は肌で感じていました。週刊誌が毎週のように株式特集を組むなど、世間の株式投資に対する盛り上がり方が尋常でなかったからです。

「そろそろ、危ないのではないか」と、翌２００6年の年明けに少しだけ利食いを入れました。その直後の1月１6日、証券取引法違反容疑にて、東京地検特捜部がライブドア（現：ＬＤＨ）本社などに強制捜査を行ったというマスコミ報道がトリガーとなり、翌１7日に新興市場が急落します。いわゆるライブドアショックです。

図表６－３　２００５年１２月末の投資損益

	コード	銘柄	株数	買付単価	買付金額	株価12/30	評価額	損益額	損益率	備考
1	2337	アセット・マネジャーズ	6	354,060	2,124,360	820,000	4,920,000	2,795,640	131.6	主導株
2	3121	アセット・インベスターズ	7,000	295	2,065,307	553	3,871,000	1,805,693	87.4	主導株
3	4298	プロトコーポレーション	1,500	1,197	1,795,890	1,380	2,070,000	274,110	15.3	
4	4502	武田薬品工業	200	4,370	874,048	6,380	1,276,000	401,952	46.0	
5	7203	トヨタ自動車	300	4,070	1,220,973	6,120	1,836,000	615,027	50.4	
6	7548	サンクスジャパン	2,000	650	1,300,945	862	1,724,000	423,055	32.5	
7	7839	SHOEI	1,000	1,515	1,514,680	2,250	2,250,000	735,320	48.5	
8	7874	スルガ	700	2,526	1,768,178	3,540	2,478,000	709,822	40.1	
9	8008	アスティ	1,500	1,226	1,838,445	1,299	1,948,500	110,055	6.0	
10	8045	横浜丸魚	1,000	1,051	1,050,945	1,075	1,075,000	24,055	2.3	
11	8303	新生銀行	2,000	618	1,236,945	682	1,364,000	127,055	10.3	
12	8493	インター	1,300	1,405	1,826,627	1,867	2,427,100	600,473	32.9	
13	8564	武富士	200	7,316	1,463,155	8,010	1,602,000	138,845	9.5	
14	8868	アーバンコーポレイション	500	3,116	1,557,890	12,740	6,370,000	4,812,110	308.9	主導株
15	8898	センチュリー21・ジャパン	1	1,681,680	1,681,680	3,430,000	3,430,000	1,748,320	104.0	
16	8902	パシフィックマネジメント	9	152,795	1,375,155	408,000	3,672,000	2,296,845	167.0	主導株
17	8907	フージャースコーポレーション	7	250,202	1,751,415	566,000	3,962,000	2,210,585	126.2	主導株
18	9359	伊勢湾海運	2,000	818	1,635,680	911	1,822,000	186,320	11.4	
19	9732	東映ラボ・テック	5,000	381	1,906,682	448	2,240,000	333,318	17.5	
20	9986	蔵王産業	1,000	1,375	1,374,945	2,035	2,035,000	660,055	48.0	
		合計			31,363,945		52,372,600	21,008,655	67.0	

カリスマ投資家をはじめ、投資ブロガーたちは「絶好の投資チャンス」とばかりにいきり立ちます。2005年の高パフォーマンスにより、自信満々だったからです。ネット上にて、一斉にナンピン買いを宣言しました。そんな中、新興不動産銘柄を黙々と処分していたのは、筆者ぐらいだったかもしれません。ITバブルで勝ち逃げできず、バブル崩壊局面に苦しんだ教訓がやっと活きたのです。

その後、新興不動産銘柄は大幅に値下がりしました。アーバンコーポレーションのように、経営破たんにより、株券が紙切れになった銘柄も少なくありません。生き長らえた企業も、株価は10分の1以下になりました。

このとき世間の雰囲気に流され、一緒にナンピン買い下がりを仕掛けていたら、どうなっていたでしょうか。次々と退場させられたカリスマ投資家、彼らに追随したため更新が止まった数多くの投資ブロガーと、運命を共にしていたに違いありません。

売却で得た資金は、新興市場ほど過熱していなかった大型株、J－REIT、外国株に振り向けました（図表6－4）。2006年は、これらのアセットクラスが堅調だったこともあり、筆者は難を逃れたのです。

図表6－4　2006年12月末の投資損益

	コード	銘柄	株数	買付単価	買付金額	株価12/30	評価額	損益額	損益率	備考
1	1306	TOPIX連動型上場投資信託	1,000	1,500	1,499,900	1,700	1,700,000	200,100	13.3	
2	3227	MIDリート投資法人	2	499,400	998,800	515,000	1,030,000	31,200	3.1	J-REIT
3	4298	プロトコーポレーション	1,800	998	1,795,890	1,740	3,132,000	1,336,110	74.4	
4	4502	武田薬品工業	200	4,370	874,048	8,170	1,634,000	759,952	86.9	
5	4659	エイジス	700	2,617	1,832,000	2,800	1,960,000	128,000	7.0	
6	6592	マブチモーター	200	6,775	1,354,950	7,080	1,416,000	61,050	4.5	
7	7203	トヨタ自動車	400	4,622	1,848,813	7,960	3,184,000	1,335,187	72.2	
8	7564	ワークマン	500	3,998	1,998,850	5,750	2,875,000	876,150	43.8	
9	7751	キヤノン	300	5,405	1,621,575	6,700	2,010,000	388,425	24.0	
10	7839	SHOEI	1,300	1,724	2,240,830	2,370	3,081,000	840,170	37.5	
11	8591	オリックス	60	28,933	1,736,000	34,450	2,067,000	331,000	19.1	
12	8898	センチュリー21・ジャパン	1	2,711,500	2,711,500	2,840,000	2,840,000	128,500	4.7	
13	8958	グローバル・ワン不動産投資法人	2	1,021,050	2,042,100	1,190,000	2,380,000	337,900	16.5	J-REIT
14	8964	フロンティア不動産投資法人	2	889,750	1,779,500	1,140,000	2,280,000	500,500	28.1	J-REIT
15	8977	阪急リート投資法人	1	883,800	883,800	935,000	935,000	51,200	5.8	J-REIT
16	8978	アドバンス・レジデンス投資法人	4	470,375	1,881,500	480,000	1,920,000	38,500	2.0	J-REIT
17	8982	トップリート投資法人	3	568,525	1,705,575	790,000	2,370,000	664,425	39.0	J-REIT
18	8984	ビ・ライフ投資法人	2	465,450	930,900	461,000	922,000	-8,900	-1.0	J-REIT
19	8985	日本ホテルファンド投資法人	2	447,700	895,400	469,000	938,000	42,600	4.8	J-REIT
20	9437	NTTドコモ	10	169,158	1,691,575	188,000	1,880,000	188,425	11.1	
21	9932	杉本商事	1,000	1,944	1,943,700	1,851	1,851,000	-92,700	-4.8	
22	AFL	アフラック	190	45.35	1,012,421	46.00	1,039,710	27,289	2.7	外国株
23	BMY	ブリストル・マイヤーズスクイブ	340	24.73	988,036	26.32	1,064,549	76,514	7.7	外国株
24	C	シティグループ	170	49.45	987,837	55.70	1,126,432	138,596	14.0	外国株
25	GM	ゼネラル・モーターズ	270	31.36	994,943	30.72	986,702	-8,241	-0.8	外国株
26	KO	コカコーラ	190	43.70	975,720	48.25	1,090,566	114,846	11.8	外国株
27	PFE	ファイザー	330	25.93	1,005,444	25.90	1,016,751	11,307	1.1	外国株
28	VOD	ボーダーフォン	320	26.30	988,949	27.78	1,057,507	68,558	6.9	外国株
29	VTSMX	VGストックマーケット	680	3,644	2,478,346	4,072	2,769,132	290,786	11.7	外国株
30	WM	ワシントン・ミューチュアル	200	43.28	1,017,046	45.49	1,082,298	65,252	6.4	外国株
		合計			44,715,947		53,638,648	8,922,701	20.0	

4 配当生活の夢を打ち砕かれたリーマンショック

2006年の新興市場暴落を乗り切り、順風満帆に思えた筆者に、リーマンショックという試練がのしかかります。

◆一瞬、ラットレースの出口が見えた

2007年6月、筆者は再び有頂天になりつつありました。多くのにわか投資家が退場させられた2006年の新興市場暴落を上手く切り抜けたことで、「本物の投資家は違う」といった評価を得られ、本業の書籍執筆やセミナー講師なども順調だったからです。

銘柄入れ替えが功を奏し、投資のパフォーマンスも年初から良好でした。2005年に投資資金が一気に増えたこともあり、ポートフォリオには、意識的に高配当銘柄を多く組み入れました（図表6－5）。

図表6－5　2007年6月末の投資損益

	コード	銘柄	株数	買付単価	買付金額	株価6/29	評価額	損益額	損益率	備考
1	1306	TOPIX連動型上場投資信託	1,000	1,500	1,499,900	1,800	1,800,000	300,100	20.0	
2	2408	KG情報	3,000	541	1,621,500	610	1,830,000	208,500	12.9	
3	3227	MIDリート投資法人	4	503,438	2,013,750	623,000	2,492,000	478,250	23.7	J-REIT
4	4298	プロトコーポレーション	1,200	998	1,197,260	2,510	3,012,000	1,814,740	151.6	
5	4502	武田薬品工業	200	7,713	1,542,600	7,960	1,592,000	49,400	3.2	
6	4659	エイジス	1,000	2,671	2,671,300	2,880	2,880,000	208,700	7.8	
7	6592	マブチモーター	200	6,775	1,354,950	7,550	1,510,000	155,050	11.4	
8	6963	ローム	100	10,640	1,063,950	10,950	1,095,000	31,050	2.9	
9	7203	トヨタ自動車	200	4,622	924,407	7,800	1,560,000	635,593	68.8	
10	7458	第一興商	1,000	1,337	1,336,950	1,337	1,337,000	50	0.0	
11	7564	ワークマン	500	4,214	2,106,880	5,600	2,800,000	693,120	32.9	
12	7912	大日本印刷	1,000	1,831	1,830,500	1,839	1,839,000	8,500	0.5	
13	8515	アイフル	350	3,433	1,201,450	3,540	1,239,000	37,550	3.1	
14	8564	武富士	400	4,584	1,833,500	4,140	1,656,000	−177,500	−9.7	
15	8573	三洋信販	400	2,772	1,108,950	3,500	1,400,000	291,050	26.2	
16	8574	プロミス	300	4,193	1,257,950	3,800	1,140,000	−117,950	−9.4	
17	8752	三井海上火災保険	1,000	1,452	1,451,950	1,582	1,582,000	130,050	9.0	
18	8898	センチュリー21・ジャパン	4	573,638	2,294,550	610,000	2,440,000	145,450	6.3	
19	8978	アドバンス・レジデンス投資法人	4	470,375	1,881,500	578,000	2,312,000	430,500	22.9	J-REIT
20	8980	LCP投資法人	6	535,975	3,215,850	505,000	3,030,000	−185,850	−5.8	J-REIT
21	8984	ビ・ライフ投資法人	2	471,425	942,850	702,000	1,404,000	461,150	48.9	J-REIT
22	8985	日本ホテルファンド投資法人	4	501,088	2,004,350	582,000	2,328,000	323,650	16.1	J-REIT
23	9437	NTTドコモ	10	169,158	1,691,575	195,000	1,950,000	258,425	15.3	
24	9476	中央経済社	1,000	681	680,800	675	675,000	−5,800	−0.9	
25	9733	ナガセ	1,000	2,102	2,101,500	2,300	2,300,000	198,500	9.4	
26	9747	アサツー　ディ・ケイ	300	3,763	1,128,950	4,170	1,251,000	122,050	10.8	
27	9932	杉本商事	1,000	1,944	1,943,700	1,908	1,908,000	−35,700	−1.8	
28	AFL	アフラック	190	45.52	1,009,827	51.98	1,219,612	209,785	20.8	外国株
29	C	シティグループ	170	49.64	964,885	51.81	1,087,663	122,778	12.7	外国株
30	GM	ゼネラル・モーターズ	270	31.48	974,801	38.15	1,272,009	297,208	30.5	外国株
31	GSK	グラクソ・スミスクライン	150	56.75	1,026,114	52.45	971,558	−54,557	−5.3	外国株
32	IVV	I-SHARES S&P500	140	139.42	2,260,782	151.30	2,615,765	354,984	15.7	外国株
33	KO	コカコーラ	190	43.87	961,218	52.63	1,234,863	273,645	28.5	外国株
34	LYG	ロイズTSBグループ	180	47.38	1,026,114	44.77	995,157	−30,958	−3.0	外国株
35	PFE	ファイザー	330	26.03	1,014,376	25.63	1,044,466	30,090	3.0	外国株
36	RAI	レイノルズ・アメリカ	130	64.52	993,211	65.04	1,044,133	50,921	5.1	外国株
37	WM	ワシントン・ミューチュアル	200	43.44	1,002,972	43.45	1,073,128	70,156	7.0	外国株
		合計			55,137,672		62,920,353	7,782,681	14.1	

皮算用では、年間の受取配当金が168万円に達しました。月割りにすれば14万円、食べるだけなら、配当で賄える水準です。この調子で、受取配当金を増やしていけば、夢の配当生活も視野に入ります。

このときばかりは、一瞬、ラットレースの出口が見えました。「ついに経済的自由を達成できるぞ」と心の中で叫んだものです。

一方で、配当利回りを重視するあまり、持株の質が下がっていました。高配当につられて武富士などの消費者金融を組み入れ、J－REITはスポンサーの信用力に劣る二流、三流銘柄ばかりとなり、外国株もシティグループをはじめとした銀行株の比率が高まっています。

後から振り返れば、この時点における投資判断は明らかに間違っていました。バブルでいったん勝ち逃げした後は、バブルが崩壊するまで投資を休むのがセオリーです。

◆夢に終わった「夢の配当生活」

案の定、この直後に株式市場は反落します。1年半あまりで、世界中の株式市場が半値に落ち込むという厳しい下げでした。

個別銘柄に関しては、損切りで逃げまくりました。持株の中には、武富士やワシントン・ミューチュアルのように経営破たんを起こした銘柄もあります。もしロスカットしていなければ、切羽詰まった状況に追い込まれていたでしょう。

何ら対策を講じず、ホールドしていたS&P500やEAFEに連動するETFは、折からの円高もあり、買値の半値近くまで下がりました。TOPIXに連動するETFも似たようなパフォーマンスで、まさかインデックスファンドで大損するとは思ってもいませんでした（図表6－6）。

結局、2008年10月の日経平均1万円割れで仕掛けた、一発逆転狙い（第5章の181ページに書いた「バンザイ突撃」）の買いも失敗に終わり、一瞬は手の届きかけた「夢の配当生活」は夢のままで終わります。

◆小泉相場とリーマンショックで学んだ教訓

小泉相場での投資は、半分成功、半分失敗です。

2003年から2006年にかけては成功でした。上昇相場に乗れたうえに、ITバブルの教訓を活かして、持株を高値で売る「勝ち逃げ」ができたからです。

初心者時代の考え方を捨てきれず、新興不動産銘柄を持ち続けていれば、それまでの儲けを2006年にすべて失っていたでしょう。ベストセラーとなった株本の印税も、きれいさっぱりなくなっていたはずです。

しかし、2007年から2008年にかけては失敗でした。バブル相場でいったん「勝ち逃げ」した後、休むことができなかったからです。株価が高値圏にもかかわらず、金融株やJ－REITの高配当

図表6－6　2008年12月末の投資損益

	コード	銘柄	株数	買付単価	買付金額	株価12/31	評価額	損益額	損益率	備考
1	1306	TOPIX-ETF	1,500	1,514	2,271,200	883	1,324,500	-946,700	-41.7	
2	2059	ユニ・チャーム・ペットケア	400	2,712	1,084,750	3,320	1,328,000	243,250	22.4	
3	2651	ローソン	200	4,474	894,750	5,190	1,038,000	143,250	16.0	
4	4502	武田薬品工業	400	4,564	1,825,500	4,640	1,856,000	30,500	1.7	
5	EFA	iShares MSCI EAFE Index Fund	450	76.10	3,566,532	44.86	1,820,666	-1,745,867	-49.0	外国株
6	SPY	SPDR Trust Series1	200	139.44	2,904,441	90.24	1,627,749	-1,276,692	-44.0	外国株
		合計			12,547,174		8,994,915	-3,552,259	-28.3	

に目がくらんでしまいました。インデックスファンドに関しては「持ち続ければいい」という、初心者時代の考えを捨てきれていませんでした。

「休むも相場」を実践できなかったがために、リーマンショックに巻き込まれ、金銭的にも精神的にも大きなダメージを受けたのです。

不幸中の幸いは、２００３年から２００５年にかけて得た利益のすべてを失わず、その一部を温存できたことでしょうか。２００６年の「勝ち逃げ」が最後まで効きました。

というわけで、不満を言えばきりがありませんが、「バブル相場で勝ち逃げした後は、バブルが崩壊するまで休むべし」という、貴重な教訓を得られます。

5 功を焦ったアベノミクス相場

3回目の強気相場はアベノミクス相場です。さて、3度目の正直となるでしょうか。

◆投資手法の見直し

筆者は、2008年の損失に危機感を持ちました。「このような損失を再び計上すれば、人生設計が狂ってしまう」というところまで追い込まれたからです。

一時的に投資を中止して、第5章でも取り上げた自己分析を行い、投資を始めてから2008年までの敗因を徹底的に分析しました。

そのうえで、個別銘柄のファンダメンタル分析一本やりだった投資手法を根本的に見直し、今まで毛嫌いしていたテクニカル分析にも取り組み、中央銀行の金融政策やマクロの経済データもチェックするようにしました。

2009年以降は、チャートを用いた売買練習を行いながら、試行錯誤を続けました。その結果、見えてきたのは「株というものは、買っていい時期、そうでない時期がある」ということでした。後は、ひたすら「株を買ってもいい時期」を待つだけです。

◆安倍政権の誕生

そんな中、2012年12月に誕生したのが安倍内閣です。このとき、筆者は確信に近い手応えを感じていました。自民党政権の復活によって、それまで低迷が続き、欧米に大きく出遅れていた日本株が上昇すると期待できたからです。

株価は、そういった事態を先読みして、衆議院解散が発表された直後の2012年11月下旬より上がり始めました。チャート上でも、半年近く続いていた底値でのボックス圏相場から、上昇トレンドに転じたのです。

筆者も、2012年11月下旬から先回りして買い始めて、2013年1月末にはポートフォリオをほぼ組み終えていました（図表6－7）。

「日本株の上昇は間違いない」と思っていたものの、着実なリターンを手に入れたかったこともあり、ポートフォリオに2月末、3月末が権利日の高配当・優待銘柄を数多く組み入れていました。

図表6－7　2013年1月末の投資損益

	コード	銘柄	株数	買付単価	買付金額	株価1/31	評価額	損益額	損益率	備考
1	1306	TOPIX-ETF	1,500	740	1,109,264	957	1,435,500	326,236	29.4	
2	1766	東建コーポレーション	120	3,937	472,485	5,100	612,000	139,515	29.5	
3	1909	日本ドライケミカル	200	3,295	659,070	3,475	695,000	35,930	5.5	
4	2127	日本M&Aセンター	100	3,268	326,785	3,230	323,000	-3,785	-1.2	
5	2222	寿スピリッツ	1,000	926	925,643	1,061	1,061,000	135,357	14.6	
6	2292	S Foods	1,000	790	790,070	897	897,000	106,930	13.5	
7	2294	柿安本店	800	1,084	867,528	1,292	1,033,600	166,072	19.1	
8	2412	ベネフィット・ワン	10	91,467	914,670	120,600	1,206,000	291,330	31.9	
9	25935	伊藤園優先株	400	1,238	495,085	1,399	559,600	64,515	13.0	
10	3076	あい ホールディングス	1,600	581	930,170	761	1,217,600	287,430	30.9	
11	3079	DVX	400	1,264	505,770	1,351	540,400	34,630	6.8	
12	3085	アークランドサービス	400	1,616	646,273	1,619	647,600	1,327	0.2	
13	3171	マックスバリュ九州	800	1,136	908,443	1,297	1,037,600	129,157	14.2	
14	3176	三洋貿易	1,700	552	937,670	697	1,184,900	247,230	26.4	
15	3258	常和HD	600	1,471	882,570	1,978	1,186,800	304,230	34.5	
16	3366	一六堂	1,200	508	610,079	505	606,000	-4,079	-0.7	
17	4345	シーティーエス	600	916	549,782	1,050	630,000	80,218	14.6	
18	4550	日水製薬	900	919	827,470	973	875,700	48,230	5.8	
19	4708	もしもしホットライン	600	1,312	787,470	1,335	801,000	13,530	1.7	
20	4837	シダックス	2,400	405	970,970	505	1,212,000	241,030	24.8	
21	6279	瑞光	200	2,829	565,843	3,850	770,000	204,157	36.1	
22	6420	福島工業	500	1,719	859,264	1,896	948,000	88,736	10.3	
23	7512	イオン北海道	2,200	376	827,621	490	1,078,000	250,379	30.3	
24	7593	VTホールディングス	500	833	416,285	890	445,000	28,715	6.9	
25	7595	アルゴグラフィックス	800	1,061	849,116	1,306	1,044,800	195,684	23.0	
26	7607	進和	600	1,056	633,770	1,100	660,000	26,230	4.1	
27	7818	トランザクション	600	1,057	634,470	1,060	636,000	1,530	0.2	
28	7820	ニホンフラッシュ	300	1,824	547,282	1,979	593,700	46,418	8.5	
29	8018	三共生興	3,000	292	876,170	320	960,000	83,830	9.6	
30	8096	兼松エレクトロニクス	800	984	787,370	1,059	847,200	59,830	7.6	
31	8117	中央自動車工業	1,000	517	516,511	602	602,000	85,489	16.6	
32	8411	みずほFG	7,500	131	983,116	183	1,372,500	389,384	39.6	
33	8421	信金中央金庫	3	165,419	496,258	166,600	499,800	3,542	0.7	
34	8692	だいこう証券ビジネス	2,400	311	745,376	544	1,305,600	560,224	75.2	
35	8706	極東証券	1,300	723	940,361	1,142	1,484,600	544,239	57.9	
36	8850	スターツコーポレーション	1,000	610	610,070	700	700,000	89,930	14.7	
37	8876	リロ・ホールディング	300	3,160	947,855	3,370	1,011,000	63,145	6.7	
38	9069	センコー	2,000	364	728,570	426	852,000	123,430	16.9	
39	9324	安田倉庫	600	588	352,888	669	401,400	48,512	13.7	
40	9603	エイチ・アイ・エス	200	3,103	620,570	3,120	624,000	3,430	0.6	
41	9639	三協フロンテア	1,000	604	603,511	627	627,000	23,489	3.9	
42	9788	ナック	400	2,077	830,970	2,453	981,200	150,230	18.1	
43	9934	因幡電機産業	300	2,482	744,670	2,834	850,200	105,530	14.2	
44	9991	ジェコス	600	596	357,388	719	431,400	74,012	20.7	
45	KXI	ISHARES CONS STA	450	75.22	2,758,294	77.33	3,193,806	435,512	15.8	外国株
46	VB	VANGUARD SML-CAP	140	67.78	809,241	86.04	1,105,545	296,304	36.6	外国株
47	VSS	VA ALLWORLD X-US	230	84.01	1,651,955	93.64	1,976,684	324,729	19.7	外国株
48	VT	VA WORLD STOCK	700	47.93	2,723,384	51.40	3,302,244	578,861	21.3	外国株
		合計			39,535,446	51.40	47,065,980	7,530,534	19.0	

もともと割安な銘柄に、株価の上がる何らかのイベントを組み合せたイベントバリュー投資です。皮算用では、2月末、3月末の権利日直前に当該銘柄を売却して、好業績の期待できる銘柄に入れ替え、それらも5月の決算発表前に売り切るという段取りでした。

ただ1月末の時点で気になったのは、早くも相場が過熱していたことでした。JASDAQやマザーズなどの新興市場では値を飛ばす銘柄が続出し、普段はマイナスで推移している信用評価損益率も2006年1月以来のプラス転換を果たします。

想定より早く、含み益も積み上がります。1月末に「もう今年が終わってもいい」という額に達しました。

◆ミニクラッシュに動揺、持株を手放す

アベノミクス相場には、明るい話題に飢えていたマスコミ各社も食いつきます。驚くべきことに、筆者にもテレビ出演の依頼が来ました。

東京のスタジオにて番組の収録を終えた2013年2月半ば、それまでじり高だった手持ちの小型株がけっこう下げます。体感的にはミニクラッシュといっても過言ではありません。

今から振り返れば、上昇相場で何度か起きる単なるスピード調整でした。しかし、テクニカル分析を取り入れ、株価と移動平均線の位置関係をチェックしていた筆者には、チャートの崩れかけている持株が気になりました。

悩んだ挙句、出した結論は「年明け早々、これだけ儲かったのだし、もう十分だ」でした。結局、ミニクラッシュの起こった週末、手持ちの日本株全銘柄に売り注文を出します。

本来、そんなに焦る必要はまったくありませんでした。チャートの崩れかけている銘柄だけ処分すれば済みましたし、半分売って様子を見る手もありました。

「早く売り過ぎた。失敗だった」と認識したのは、売却から2週間経過した2月下旬です。買い直すことも検討しましたが、自分の中に「しまった」という焦りと怒りの入り混じった感情が残っている以上、二重のミスを犯す危険があります。

実際に「売った後、上がり続ける株価に我慢できず、買い戻したところが天井だった」という例は枚挙に暇がありません。今から300年ほど前、かのアイザック・ニュートン卿が英国の南海バブルで莫大な損失を負ったのも、このパターンです。

心の平静を保てないと判断した筆者は、これ以降の売買を自粛します。一応、勝ち逃げできたのですが、その時期が早すぎました。

その後、日経平均は2013年5月23日に前日比1143円安をつけるまで、破竹の勢いで上昇を続けます。

「2月末、3月末の権利日直前に高配当・優待銘柄を売却して、好業績の期待できる銘柄に入れ替え、それらも5月の決算発表前に売り切る」という、当初の皮算用どおりの投資ができていればと考えれば、残念でなりません。

◆アベノミクス相場で学んだ教訓

アベノミクス相場は、当初から「勝ち逃げ」を念頭において臨んだ、初めての大相場でした。不完全ながら、それを実行できたのは評価していいと思います。むしろ1回目であれば、こんなものかもしれません。

また、2012年から2013年にかけて、実際に採用してみたトレンド追随型（順張り型）の長所・短所も見えてきました。詳しくは、次ページ以降でお話ししますが、一言にまとめれば「大損はしない代わりに、儲けも知れている」となります。今後、このやり方を続けていくのかどうか、再検討する必要がありそうです。

今回の教訓としては「たしかにチャートも重要だが、ベースとなるのは企業の本質的価値」があげられます。

「2009年から2012年にかけての日本株が低迷していた時期に、割安銘柄を少しずつ買い進み、株価の値動きをあまり気にせず持っていれば、もうちょっと儲かったかな」というのが正直な感想です。やっぱり筆者は、バリュー投資家なのでしょうか。

6

「勝ち逃げ」するための2つの戦い方

最後に「勝ち逃げ」するための2つの戦い方について、まとめてみました。

◆「勝ち逃げ」するための2つの戦い方

株式投資で上手に「勝ち逃げ」するためには、予め戦い方を決めておき、それに沿った売買を行う必要があります。戦い方は、次の2つです。

●トレンド追随型（順張り型）
●逆張り型

◆トレンド追随型（順張り型）

「トレンド追随型」は、相場の上昇局面で小さな利益を積み重ねていくやり方です。「順張り型」ともいいます。上昇トレンドがしばらく継続することを前提条件として、上がり始めた株を買い、思惑が外れた時点で見切り売りを出します。余程の強気相場を除き、投資期間は2～3カ月程度と比較的短期です。

メリットとして次の3つが挙げられます。リスク管理の観点からは、優れています。

●株価が下げれば損切りを行うため、大きな損失が発生しない
●持株が塩漬けにならず、資金を有効活用できる
●売買チャンスが多く、短期間で経験値を上げやすい

一方で、デメリットも3つあります。チャートには、ダマシがつきもののため「骨折り損のくたびれ儲け」で終わることも少なくありません。

●上昇相場の途中で振り落とされ、思ったほど儲からない
●損切りのコストも、度重なればバカにならない
●同じことを考えている投資家が多く、自分が買いたいときは買い注文が殺到し、売りたいときは買い

の手が引っ込むため「高く買わされ、安く売らされる」羽目に陥る

◆逆張り型

「逆張り型」は、相場が下がって割安になれば買い、相場が上がって割高になれば売るやり方です。投資期間は、2~3年（あるいはそれ以上）の長期にわたります。

メリットとして、次の3つが挙げられます。壺にはまれば、これほど儲かる投資はありません。

- ●大きなリターンが期待でき、株式投資の醍醐味を満喫できる
- ●長期的視野で投資できるという個人投資家の強みを活かせる
- ●キャピタルゲイン税の繰延効果があり、資金を有効活用できる

一方で、デメリットも3つあります。裏目に出れば、高い代償を払わされることになります。

- ●買い時や銘柄選択を誤れば、多大な損失を被る
- ●持株がすぐに上がらず、下がり続けることも多いため、含み損に苦しめられる期間が長い
- ●本当の投資チャンスは数年に一度であり、我慢強く待ち続ける必要がある

◆どちらの投資スタイルを採用するべきか

それぞれ一長一短のあるトレンド追随型と逆張り型ですが、この2つは相反する戦い方であり、天才でもない限り、使い分けるのは困難です。

投資家本人の価値観や性格などを考慮しつつ、どちらを採用するか、予め決めておく必要があります。その際は、次の2つを参考にしてください。

●難易度

●バリュー投資との相性

まず難易度は、トレンド追随型の方がやさしいです。損切りさえ、きっちりできれば（もっとも、それが難しいという人もいますが）、大火傷を負うこともないからです。

「底→強気相場→天井→弱気相場」という相場サイクルをまだ経験していない投資家は、トレンド追随型から入ったほうがいいかもしれません。

筆者も、リーマンショックの損失から出直した2012年から2013年にかけては、これ以上の損失を許容できないという事情もあり、トレンド追随型の売買を行っていました。

手前味噌で恐れ入りますが、拙著『〈新〉角山式 副業の株 儲けの方程式』（日本実業出版社刊）では、トレンド追随型の投資スタイルについて解説しています。

一方、逆張りは儲けも大きく、理想の戦い方といえます。その分、難易度も高く、投資判断を誤れば深手を負います。相応のキャリアとスキルに裏付けされた「目利き力」に加えて、メンタル面の強さも要求されます。


次に本質的価値を重視するバリュー投資との相性は、逆張り型が優れています。「下がった株を買い、上がった株を売る」逆張り型は、「割安になった銘柄を買い、割高になった銘柄を売る」というバリュー投資にマッチしています。

一方「上がっている株を買い、下げに転じれば売る」考え方のトレンド追随型は、バリュー投資とは矛盾する側面を持っています。もっともこの問題は「チャート上、保ち合いから上昇トレンドに転じたが、まだ割安」という銘柄を見つけることで解決します。

あとがき

今となっては昔話ですが、３０代になった筆者は一大決心をして株式市場に足を踏み入れました。なにせ米国の著名バリュー投資家、ウォーレン・バフェットについて書かれた本を読んだばかりでしたから「株は、銘柄さえ選べば勝てる」と自信満々だったに違いありません。

早いもので、それから２０年の月日が流れました。「株は、個別銘柄や相場全体の分析を通じて敵を知ることも大切だが、自己分析により己を知らなければ絶対に勝てない」ということを含め、やっと相場のことが少しは分かってきたかなという感じです。

筆者にとって、今までの２０年間は投資家人生の前半戦に当たります。前半戦は、マーケットに揉まれながら経験値を高め、試行錯誤を重ねつつ自分の投資スタンスを確立する、いわば基礎固めの時期でした。そして、これからの２０年を投資家人生の後半戦と位置付けています。後半戦は、前半戦で得たものを活かし大きく飛躍する時期です。後半戦を戦い終えたときには、延長戦に突入して、気力・知力・体力の続く限り投資を続けたいと思っています。

株式投資のメッカである米国には、フィリップ・キャレーやアンネ・シャイバーのように、１００歳になるまで現役だった投資家がいたそうです。複利の効果により、金融資産は莫大なものになっていたでしょう。そう考えれば、筆者も、あと５０年近く頑張る必要がありそうです。

株式投資家になるということは、株の職人を目指すということです。一朝一夕には習得できるものでありませんが、身銭を切って覚えた職人技は一生使えます。

楽をして手っ取り早く儲けようなどと思わず、地道に粘り強く株式投資の道を究めてみませんか。

末筆ながら、本書の出版を快く引き受けてくださったパンローリング社、および編集を引き受けていただいた島津さん、磯崎さんに感謝いたします。とりわけ、長いつきあいとなりました磯崎さんからの「どうせ新刊を出すなら、今までなかったような新しい内容を入れてみませんか」というアドバイスにより、個別銘柄や相場全体の分析だけでなく、パフォーマンス改善の鍵を握る自己分析まで踏み込むことができました。重ねてお礼を申し上げます。

２０１４年１１月　角山　智

◎筆者のホームページ「パーシャル・オーナー」 http://www5f.biglobe.ne.jp/~dream3/
◎メルマガ「角山智のバリュー投資レター」 http://www.mag2.com/m/0001388271.html

■著者紹介：角山 智（かどやま・さとる）

１９６３年、奈良県生まれ。本名は紺田史郎。

立命館大学卒業後、オーナー経営の建築資材メーカーに入社。世の中でうまくやる方法は、少しでも資本家サイドに回ることだと気づき、３０代で株式投資に目覚める。

その後、２００５年に念願の独立開業を果たし、今では株式投資に関する書籍執筆や講演、情報発信を本業としている。

個人投資家としての投資歴は２０年。三度の暴落（アジア通貨危機、ＩＴバブル崩壊、リーマンショック）と三度の大相場（ＩＴバブル、小泉相場、アベノミクス相場）を経て、金融資産を１億円近くまで積み上げてきた。バリュー投資をベースに、自分なりのアイデアを組み合せたユニークな手法が特色。

主な著書として『〈新〉角山式 副業の株 儲けの方程式』（日本実業出版社）、『今なら間に合う！出遅れ大化け割安株投資法』（秀和システム）がある。

◎ホームページ「パーシャル・オーナー」
http://www5f.biglobe.ne.jp/~dream3/

◎メルマガ「角山智のバリュー投資レター」
http://www.mag2.com/m/0001388271.html

2015年05月03日　第1刷発行

「敵」と「自分」を正しく知れば、

1勝1敗でも儲かる株式投資

～木（個別銘柄）を見て、森（相場全体）を見て、鏡（自分自身）を見る～

著　者　　角山智
発行者　　後藤康徳
発行所　　パンローリング株式会社
〒160-0023　東京都新宿区西新宿7-9-18-6F
TEL 03-5386-7391　FAX 03-5386-7393
http://www.panrolling.com
E-mail　info@panrolling.com
装　丁　　パンローリング装丁室
組　版　　パンローリング制作室
印刷・製本　株式会社シナノ

ISBN978-4-7759-9139-8

株式関連書籍

矢口新のトレードセンス養成ドリル Lesson1・2

著者：矢口新

Lesson1 定価 本体1,500円+税　ISBN:9784775990643

Lesson2 定価 本体1,500円+税　ISBN:9784775990780

本書の使い方は必ずしも正解を導くことにあらず。なぜ"そういう正解"が考えられるのか。その経緯を味わってください。

矢口新の相場力アップドリル 為替編・株式編

著者：矢口新

為替編 定価 本体1,500円+税　ISBN:9784775990124

株式編 定価 本体1,800円+税　ISBN:9784775990131

相場力がアップすると、自分に合った「相場つき」のときの儲けを大きくできるだけでなく、自分に合わない「相場つき」のときでも、なんとか凌げるようになる。

生涯現役の株式トレード技術【生涯現役のための海図編】

著者：優利加

定価 本体5,800円+税　ISBN:9784775971482

数パーセントから5%の利益を、1週間から2週間以内に着実に取りながら"生涯現役"を貫き通す。そのためにすべきこと、決まっていますか？わかりますか？

投資家心理を読み切る板読みデイトレード術

著者：けむ。

定価 本体2,800円+税　ISBN:9784775990964

板読み＝心理読み！の視点に立って、板の読み方や考え方だけではなく、もっと根本的な部分にあたる「負ける人の思考法」「勝つための思考法」についても前半部分で詳説。

関連書籍

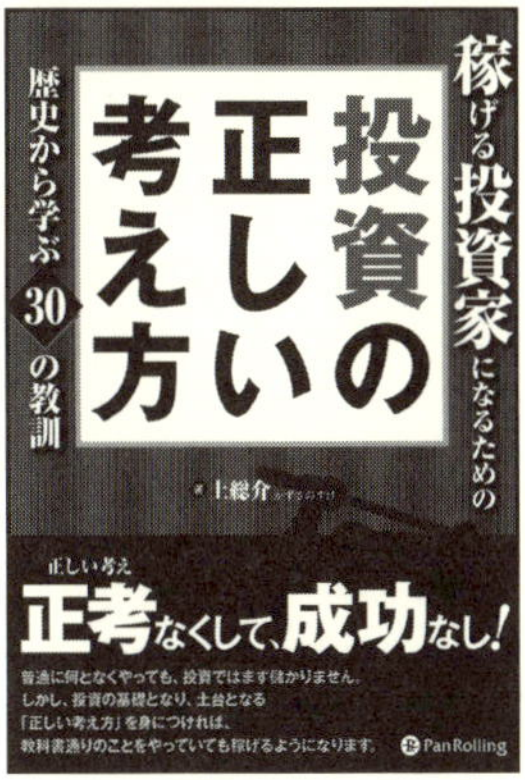

稼げる投資家になるための 投資の正しい考え方

歴史から学ぶ30の教訓

著者　上総介（かずさのすけ）

定価 本体1,500円+税　ISBN:9784775991237

投資で真に大切なものとは?
手法なのか? 資金管理なのか? それとも……

何事も、土台がしっかりしていなければ、いくら上物を豪華にしても、長くは保ちません。あせらず、ゆっくり、投資の基礎を固めることから始めてみてはどうでしょうか。「正しい考え方」が身につけば、特殊な投資テクニックなどがなくても、投資の基本を忠実に行うことで稼げるようになっていきます。

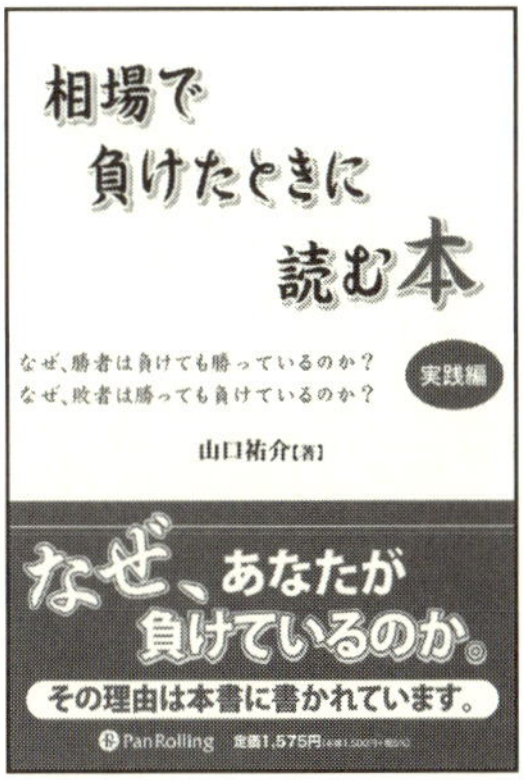

相場で負けたときに読む本 実践編

著者　山口祐介

定価 本体1,500円+税　ISBN:9784775990476

あなたが本当に“勝者”であるならば、
本書を読む必要はまったくありません。

敗者は何故負けてしまうのか。勝者はどうして勝てるのか。10年以上勝ち続けてきた現役トレーダーが相場の“真理”を詩的に紹介。

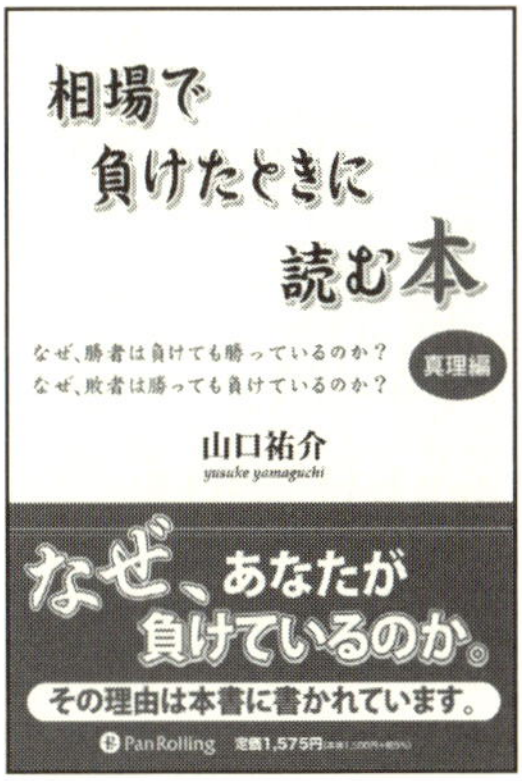

相場で負けたときに読む本 真理編

著者　山口祐介

定価 本体1,500円+税　ISBN:9784775990476

なぜ、勝者は負けても勝っているのか?
なぜ、敗者は勝っても負けているのか?

負けたトレーダーが破滅するのではない。負けたときの対応の悪いトレーダーが破滅するのだ。

株式関連書籍

実践 生き残りのディーリング
著者：矢口新

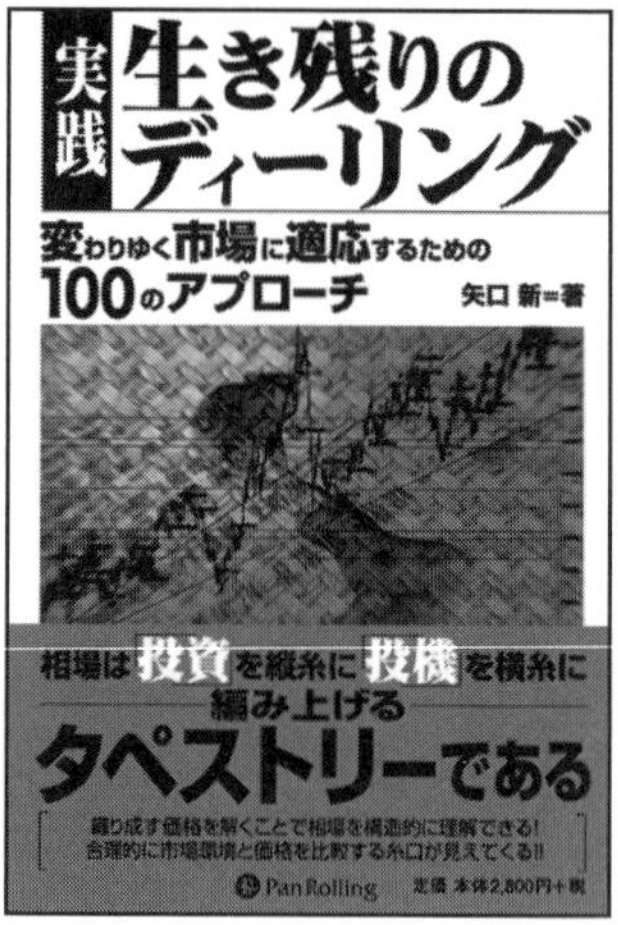

定価 本体2,800円+税　ISBN:9784775990490

投資家には、そのレベルや立場に応じ、乗り越えねばならない「壁」がある。そうした壁に挑もうとする人々に格好のアプローチを提示しようとする哲学書である。

5段階で評価するテクニカル指標の成績表
著者：矢口新

定価 本体1,800円+税　ISBN:9784775990926

相場のタイミングを知るにはテクニカル指標が必要だ。それも、"使える"テクニカル指標が必要なのだ。相場で生き残るためのテクニカル指標〔エス・チャート〕も本邦初公開！

出来高急増で天底（節目）のサインを探る！ リスク限定のスイングトレード
著者：矢口新

定価 本体1,600円+税　ISBN:9784775991084

何日ぶりかの出来高急増は節目（最良の売買タイミング）になりやすい！
節目を確認して初動に乗る「理想のトレード」で損小利大を目指す！

なぜ株価は値上がるのか？
著者：矢口新

定価 本体2,800円+税　ISBN:9784775990315

『生き残りのディーリング』の著者であり、日本株の歴史的底入れ到来を的中させた矢口新の名著『値上がる株に投資しろ！』を増補改訂!!

関連書

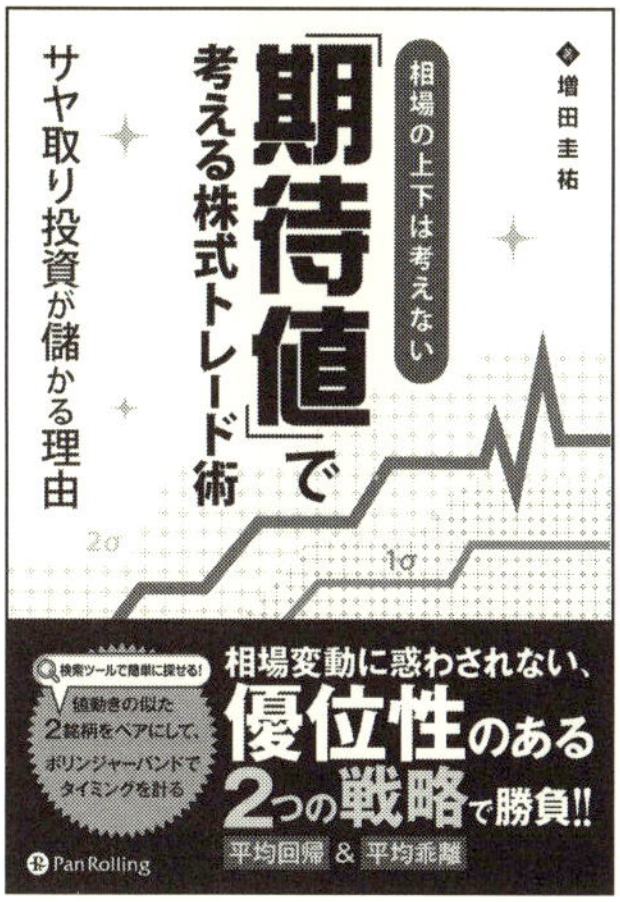

相場の上下は考えない「期待値」で考える株式トレード術

定価 本体2,000円+税　ISBN:9784775991275

相場変動に左右されない、期待値の高い取引＝サヤ取り投資

投資で利益を出すにあたって、予測的な側面を重視する投資家の数は多いことでしょう。しかし、そのやり方では、いつまでたってもイチかバチかのギャンブル的な要素が漂う世界から抜け出すことはできません。相場の流れは誰にもわかりません。わからないということは、予測してもあまり意味がないということです。それではいったい、私たち投資家がすべきことは何なのでしょうか？ 答えを先に言うと、正しい行動を取ればいいのです。具体的には、期待値がプラスになるような優位性のある行動を取らなければなりません。運の要素を取り除いて、純粋に確率論で物事を判断する必要があるのです。

サヤ取り入門［増補版］

定価 本体2,800円+税　ISBN:9784775990483

あのロングセラーが増補版となってリニューアル!!

本書の初版が多くの個人投資家に「必読書」として絶賛されたのは、このサヤ取りを個人で実践する秘訣が、惜しげもなく披露されていたからである。筆者自身、長きにわたってサヤ取りを実践する個人投資家。だからこそ本書には、本物ならではの分かりやすさと具体性があるのだ。

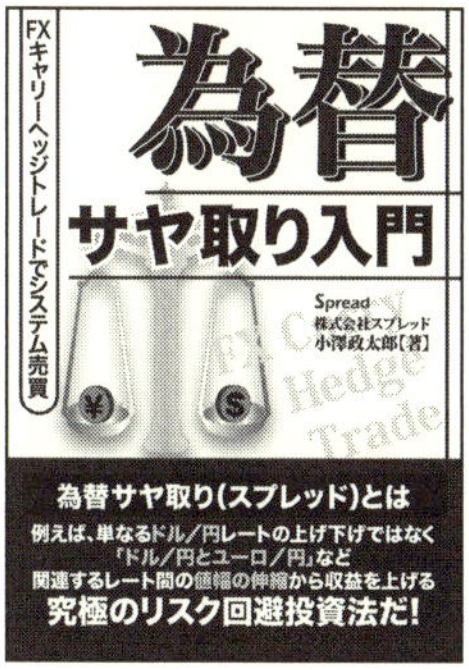

為替サヤ取り入門

定価 本体2,800円+税　ISBN:9784775990360

2組の通貨ペアによる「スプレッド」投資なら為替間のサヤもスワップ金利も一挙両得が可能

個人でもできるFXの裁定取引。例えば、ユーロ／円とユーロ／ドルなど外国為替の相関関係を利用した「低リスク」売買で「スワップ金利」だけでなく「為替のサヤ」も狙っていく投資手法それが「FXキャリーヘッジトレード」だ！